Bibliografische Information der Deutschen Nationalbibliothek:

Die Deutsche Nationalbibliothek verzeichnet diese Publikation in der Deutschen Nationalbibliografie; detaillierte bibliografische Daten sind im Internet über http://dnb.d-nb.de abrufbar.

Impressum:

Copyright © 2016 Studylab

Ein Imprint der GRIN Verlag, Open Publishing GmbH

Druck und Bindung: Books on Demand GmbH, Norderstedt, Germany

Coverbild: ei8ht

Steigerung der Arbeitgeberattraktivität

Handlungsempfehlungen für das Personalmanagement zur Gewinnung, Entwicklung und Bindung der Generation Y

2016

Abstract

Die vorliegende Bachelorarbeit befasst sich mit der zunehmend an Aufmerksamkeit gewinnenden Generation Y. Die nach 1980 Geborenen zeichnen sich gemäß der einschlägigen Literatur durch völlig andere Werte, Bedürfnisse und Präferenzen als ihre Vorgänger aus. Da sie aber diejenigen sind, die derzeit auf den Arbeitsmarkt strömen, ist es zukünftig eine der vordringlichsten Aufgaben des Personalmanagements, sich mit diesen jungen Talenten auseinanderzusetzen und sie mit zielgruppenspezifischen personalwirtschaftlichen Maßnahmen zu gewinnen, entwickeln und an das Unternehmen zu binden. Nur so kann sich ein Unternehmen auf dem Markt als attraktiver Arbeitgeber positionieren und dem aus dem demographischen Wandel resultierenden Fachkräftemangel vorbeugen. Daher wird die Generation Y umfassend typisiert sowie Präferenzen und Bedürfnisse hinsichtlich ihrer Arbeitgeberwahl aufgezeigt. Dies geschieht auf Grundlage verschiedener Studien der letzten Jahre.

Es konnte festgestellt werden, dass das Erleben gemeinsamer sozialer, wirtschaftlicher und politischer Ereignisse sich prägend für gemeinsame Präferenzen und Bedürfnisse hinsichtlich eines Arbeitgebers auswirkt.

Aus den gewonnen Ergebnissen werden die personalwirtschaftlichen Handlungsfelder identifiziert, die sich aufgrund der Präferenzen der Generation Y ergeben, und konkrete Handlungsempfehlungen für das Personalmanagement ausgesprochen, um sich im „War for Talent" als bevorzugter Arbeitgeber am Arbeitsmarkt zu positionieren.

Inhaltsverzeichnis

Abstract I

Abkürzungsverzeichnis IV

Abbildungsverzeichnis V

Tabellenverzeichnis VI

1. Ausgangslage **7**

    1.1 Problemstellung 7

    1.2 Zielsetzung 8

    1.3 Vorgehensweise und Aufbau 8

2. Wer wir sind – die Generation Y **10**

    2.1 Generationen im Arbeitsleben 10

    2.2 Ein- und Abgrenzung der Generation Y 11

        2.2.1 Baby Boomer 11

        2.2.2 Generation X 12

        2.2.3 Generation Y 13

    2.3 Typisierung der Ypsiloner 15

        2.3.1 Persönliche Ebene 16

        2.3.2 Gesellschaftliche Ebene 22

        2.3.3 Wahrnehmung des Verhaltens der Ypsiloner durch Manager 27

        2.3.4 Werte und Ziele im Leben der Ypsiloner 28

3. Anforderungen der Generation Y an den Arbeitgeber **30**

    3.1 Kriterien bei der Arbeitgeberwahl 30

    3.2 weitere Merkmale eines Arbeitgebers 37

    3.3 Informationsverhalten 38

    3.4 Einstiegspräferenzen 39

    3.5 Zusammenfassung 40

4. Handlungsempfehlungen für das Personalmanagement 41

    4.1 Grundsätze des gezielten Personalmanagements 41

        4.1.1 Personalgewinnung 41

        4.1.2 Personalentwicklung 42

        4.1.3 Personalbindung 43

    4.2 Personalwirtschaftliche Handlungsempfehlungen zur Steigerung der Arbeitgeberattraktivität 44

        4.2.1 Mitarbeitergewinnung 44

        4.2.2 Mitarbeiterentwicklung 52

        4.2.3 Mitarbeiterbindung 58

5. Zusammenfassung und Fazit 68

Literaturverzeichnis 71

Abkürzungsverzeichnis

bpb	Bundeszentrale für politische Bildung
bspw.	beispielsweise
DGFP	Deutsche Gesellschaft für Personalführung e. V.
e. V.	eingetragener Verein
et al.	und andere
Gen	Generation
ggf.	gegebenenfalls
gesell.	gesellschaftliche
HCM	Human Capital Management
PwC	PricewaterhouseCoopers

Abbildungsverzeichnis

Abbildung 1: Die Generationen und ihre Attribute (Quelle: in Anlehnung an Reif, M. K., 2015) 15

Abbildung 2: Generation Y - Thesen zur Charakterisierung (persönliche Ebene) (Quelle: DGFP e. V., 2011, S. 11) 16

Abbildung 3: Generation Y - Thesen zur Charakterisierung (gesellschaftliche Ebene) (Quelle: in Anlehnung an DGFP e. V., 2011, S. 11) 23

Abbildung 4: Werte und Ziele der Generation Y (Quelle: in Anlehnung an Kienbaum, 2015, S.5) 29

Abbildung 5: Wunscharbeitgeber (Quelle: in Anlehnung an Signium International, 2013, S. 33) 38

Abbildung 6: Informationsverhalten der Generation Y (Quelle: in Anlehnung an Kienbaum, 2015, S. 8) 39

Abbildung 7: Logo Facebook, XING, LinkedIn (Quelle: Sternitzke, A., 2015) 50

Abbildung 8: Gesprächsleitfaden (Quelle: in Anlehnung an Enaux, C.; Henrich, F., 2011, S. 198) 56

Abbildung 9: Wunschzettel der Generation Y (Quelle: in Anlehnung an DGFP e. V., 2011, S. 42) 70

Tabellenverzeichnis

Tabelle 1: Bezeichnungen der Generation Y (Quelle: in Anlehnung an DGFP e. V., 2011, S. 10) 14

Tabelle 2: Kategorisierung von Arbeitgebereigenschaften (Quelle: in Anlehnung an Dahlmanns, A., 2014, S. 39) 34

Tabelle 3: Präferenzen der Generation Y (Quelle: in Anlehnung an Dahlmanns, A., 2014, S. 44) 35

Tabelle 4: Präferenzen der Generation Y (Quelle: in Anlehnung an Dahlmanns, A., 2014, S. 44) 36

Tabelle 5: Führung von Generation Y (Quelle: in Anlehnung an Mangelsdorf, M., 2014, S. 67) 65

1. Ausgangslage

In der Ausgangslage wird zunächst die Problemstellung erläutert, die der vorliegenden Bachelorarbeit zugrunde liegt. Anschließend werden die Zielsetzung sowie die Vorgehensweise und der Aufbau der Arbeit dargestellt. Zu Beginn ist anzumerken, dass aus Gründen der Einfachheit und besseren Lesbarkeit in dieser Arbeit auf eine Geschlechtertrennung verzichtet und stets die männliche Form verwendet wird. Die weibliche Form ist dabei jedoch gleichwohl mit eingeschlossen.

1.1 Problemstellung

In Zeiten des demografischen Wandels und des daraus resultierenden Fachkräftemangels ist es eine der wichtigsten Aufgaben des Personalmanagements, sich mit der Generation Y auseinanderzusetzen und personalwirtschaftliche Maßnahmen zur Erhöhung der Arbeitgeberattraktivität zielgruppenspezifisch zu entwickeln. Die Unternehmen sehen sich zunehmend in einem Wettbewerb um die knappe Ressource qualifizierter und junger Talente. Daher wissen die Unternehmen den „War for Talent" für sich zu gewinnen, die sich mit den Interessen und dem Verhalten dieser Generation beschäftigen und somit Erwartungen und Anforderungen der qualifizierten Mitarbeiter an ihren Arbeitgeber erfüllen.

Besonders die Generation Y, nachfolgend auch Ypsiloner oder Millennials genannt, stellt hohe Ansprüche an ihre Arbeitgeber. Da sich diese Gruppe derzeit auf den Einstieg in das Arbeitsleben vorbereitet und in den kommenden Jahren auf den Arbeitsmarkt strömt, ist sie damit die wichtigste Zielgruppe im Kampf um das Vorbeugen des Arbeitskräftemangels. Werden diese Ansprüche nicht erfüllt, so entscheidet sich ein Ypsiloner erst gar nicht für das Unternehmen oder schaut sich auf dem Arbeitsmarkt nach einem anderen Unternehmen um. Dies stellt das Personalmanagement vor große Herausforderungen. Um sich also als attraktiver Arbeitgeber zu positionieren, sind häufig ein Umdenken und das Anpassen der Handlungsfelder an die Erwartungshaltung der jungen Generation notwendig.

Viele Unternehmen jedoch verstehen sich weiterhin als Anbieter anstelle als Nachfrager, obwohl sich der Arbeitsmarkt längst von einem Verkäufermarkt in einen Käufermarkt gewandelt hat. Das Problem liegt also längst nicht mehr in der Personalauswahl, sondern vielmehr überhaupt Bewerber zu bekommen. Daher werden diejenigen Unternehmen die Gewinner des Arbeitsmarktes sein, die umdenken und sich schon heute mit den neuen Ansätzen der Personalgewinnung auseinanderzusetzen.[1] Organisationen, die zwar den qualifizierten Bewerber für sich gewinnen konnten, aber keinen Wert auf die Entwicklung ihrer Mitarbeiter legen, sind keine attraktiven Arbeitgeber und werden die Generation Y nicht lange halten können.[2] Es bedarf also ebenso gruppenspezifischer Handlungsmaßnahmen im Bereich der Personalentwicklung und Personalbindung, um sich langfristig als attraktiver Arbeitgeber positionieren und somit den zukünftigen wirtschaftlichen Erfolg des Unternehmens gewährleisten zu können.

1.2 Zielsetzung

Im Rahmen dieser Arbeit sollen Handlungsempfehlungen für das Personalmanagement zur Steigerung der Arbeitgeberattraktivität ausgesprochen werden, um die Generation Y für sich zu gewinnen, optimal zu entwickeln und sie langfristig ans Unternehmen zu binden.

Um diese Handlungsempfehlungen geben zu können, werden zu Beginn die wesentlichen Aspekte dieser Generation herausgearbeitet, indem folgende Fragen geklärt werden: Wer ist diese Generation Y? Welche Einflussfaktoren haben sie geprägt? Welche Werte und Attribute können ihnen zugeschrieben werden?

Nach dieser ausführlichen Typisierung werden Schlüsse über mögliche Präferenzen bei der Arbeitgeberwahl gezogen und Anforderungen und Erwartungen abgeleitet, denen sich die Unternehmen stellen müssen, um die Aufmerksamkeit der Ypsiloner zu erlangen.

Abschließend wird herausgearbeitet, inwieweit die erarbeiteten Präferenzen Auswirkungen auf die unterschiedlichen Handlungsfelder haben und welche konkreten Handlungsempfehlungen sich für das jeweilige Handlungsfeld ergeben, um das Personalmanagement entsprechend auszulegen und sich im „War for Talent" als bevorzugter Arbeitgeber am Arbeitsmarkt zu positionieren.

1.3 Vorgehensweise und Aufbau

Im ersten Teil der Arbeit (Kapitel 2) wird einleitend auf die Generationsthematik eingegangen. Bevor sich dieser Teil hauptsächlich mit dem Charakter und den Einflussfaktoren auf das Verhalten der Generation Y auseinandersetzt, soll ein kurzer Blick auf die drei gegenwärtig für den Arbeitsmarkt relevanten Generationen, zu denen die Baby Boomer, die Generation X und die Generation Y

---

[1] Vgl. Trost, A., 2012, S. 2
[2] Vgl. Ruthus, J., 2014, S. 19

gehören, geworfen werden, indem eine grobe Abgrenzung zwischen diesen Generationen getroffen wird.

In Kapitel 3 werden Präferenzen und Anforderungen dieser Generation dargelegt. Dies geschieht auf Grundlage verschiedener Studien aus den vergangenen Jahren.

Das letzte Kapitel (Kapitel 4) bezieht sich schließlich konkret auf das Personalmanagement. Zu diesem Zweck werden in dem ersten Teil des Kapitels die Grundsätze des gezielten Personalmanagements für die Handlungsfelder beschrieben, die als besonders erfolgskritisch bei der Gewinnung und Bindung der Generation Y erachtet werden. Im zweiten Teil werden konkrete Handlungsempfehlungen für die Handlungsfelder Mitarbeitergewinnung, -entwicklung und -bindung ausgesprochen, um die Arbeitgeberattraktivität zu steigern und damit die Generation Y von sich zu überzeugen und dem Fachkräftemangel vorzubeugen.

Das fünfte und damit letzte Kapitel fasst die zentralen Ergebnisse noch einmal kritisch zusammen.

2. Wer wir sind – die Generation Y

Wer oder was ist eigentlich diese Generation Y, über die in den letzten Jahren diskutiert und publiziert wird und die mit dem Ruf zu kämpfen hat, dass niemand sie mag, außer ihre Eltern? Welche Werte sind ihr besonders wichtig und durch welche Eigenschaften zeichnet sie sich aus? Ist die ganze Aufregung um sie nur ein kurzweiliger Trend oder steckt tatsächlich mehr hinter diesem Phänomen?[3]

Es gibt einige Eigenschaften, die ihnen von den Vertretern der vorherigen Generationen anerzogen wurden und damit typisch für diese Generation sind. Andere Eigenschaften entspringen ihrer eigenen Vorstellung und Wertorientierung. Grundsätzlich jedoch ist das Verhalten eine Spiegelung dessen, wie sie die Welt aus ihrer Perspektive wahrnimmt.[4] „Sie sind eine bunte Mischung anspruchsvoller, aber durchaus leistungsbereiter Individualisten, die sozial vernetzt durchs Leben gehen und die Arbeitswelt mit frischem Wind und dynamischer Vielfalt bereichern"[5].

2.1 Generationen im Arbeitsleben

Bevor sich diese Arbeit hauptsächlich mit der Generation Y auseinandersetzt, soll ein Blick auf ihre Vorgängergeneration und deren Merkmale geworfen werden, denn durch sie wurde die Generation Y in ihrem Verhalten und Denken geprägt. So wird es im Folgenden leichter fallen, die Gedanken, das Handeln und die Präferenzen bei der Arbeitgeberwahl dieser Generation zu verstehen und nachzuvollziehen.

Die Vorgänger können je nach Generationszugehörigkeit kategorisiert werden. Generation wird dabei als ein zeitlicher Ordnungsbegriff verstanden, der Menschen zusammenfasst, „die innerhalb derselben Zeitspanne geboren sind und die die Lebenserfahrungen der Zeit, ihrer Umstände und Ereignisse teilen"[6]. Zu bedenken sei, dass die Kategorisierung nach Generationen lediglich eine Orientierungshilfe ist und dabei nie das alleinige Erklärungsmuster für das unterschiedliche Auftreten und Denken von Individuen sein kann[7], denn innerhalb wird es

---

[3] Vgl. Mangelsdorf, M., 2014, S. 9

[4] Vgl. Mangelsdorf, M., 2014, S. 9

[5] Mangelsdorf, M., 2014, S. 9

[6] DGFP e. V., 2011, S. 8

[7] Vgl. Parment, A., 2013, S. 17

sicherlich ebenso viele Unterschiede geben wie zwischen den einzelnen Generationen. „Geschlecht, geografische Herkunft, sozioökonomischer Hintergrund oder Familienstrukturen sind für die Erklärung individuellen Verhaltens mindestens so wichtig wie Generationszugehörigkeit"[8].

Im Folgenden wird eine Abgrenzung zwischen den drei Generationen getroffen, die gegenwärtig in der Arbeitswelt durch unterschiedliche Bedürfnisse bezüglich ihres Arbeitgebers und Verhaltensweisen auf der Suche nach neuen Herausforderungen differenziert werden können.[9]

2.2 Ein- und Abgrenzung der Generation Y

Heutzutage findet man in Unternehmen neben der Generation Y vor allem zwei weitere Generationen: die Baby Boomer und die Generation X. Da diese beiden Gruppen diejenigen sind, die nun die Generation Y führen, werden sie im Folgenden kurz vorgestellt.[10]

2.2.1 Baby Boomer

Die Baby Boomer gehören zu der ältesten der hier aufgeführten Generationen und unterscheiden sich in vielerlei Hinsicht von der Y-Generation. Der Name „Baby Boomer" resultiert aus dem hohen Anstieg der Geburtenrate in der Zeit nach dem Zweiten Weltkrieg. Zu ihnen gehören diejenigen in Deutschland, die zwischen den geburtenstarken Jahrgängen 1955 und 1965 geboren sind.[11] Die Baby Boomer sind in der Nachkriegszeit aufgewachsen, die von einer tendenziellen Linksorientierung und Märkten, die vom Warenmangel bedroht waren, gekennzeichnet war.[12] Typisch charakteristische Merkmale sind die Leistungsorientierung, Beständigkeit und der hohe Berufsbezug.[13] In diesem Zusammenhang ist die Rede von Vernunftkultur, in der weniger Wert auf Emotionen im Konsumverhalten und auf ständige Arbeitgeberwechsel gelegt wird, als es die gegenwärtige Generation Y tut.[14] Viel mehr steht der Funktionalismus im Vorder-

---

[8] Parment, A., 2013, S. 17
[9] Vgl. Ruthus, J., 2014, S. 6
[10] Vgl. DGFP e. V., 2011, S. 8
[11] Vgl. Klaffke, M.; Parment, A., 2011, S. 5
[12] Vgl. Parment, A., 2013, S. 8
[13] Vgl. Ruthus, J., 2014, S. 8
[14] Vgl. Parment, A., 2013, S. 9

grund, da Arbeit für sie Pflicht und weniger Selbstverwirklichung bedeutet.[15] Aufgrund der breiten Konkurrenz, die auf die damalige hohe Geburtenrate zurückzuführen ist, sollen besonders die Generation Baby Boomer die Eigenschaften Sozialkompetenz, Teamfähigkeit und Durchsetzungsvermögen tragen.[16] „Diese Gruppe an Arbeitnehmern verfügt über die geringste Wechselneigung in Bezug auf die Arbeitsstelle und begibt sich zumeist nur dann auf Stellensuche, wenn die Umstände es erfordern"[17].

2.2.2 Generation X

Diese Generation trägt eine Vielzahl an Namen: Generation MTV, Generation Golf oder auch Schlüsselkinder Generation. Egal welchen Namen man wählt, immer sind damit diejenigen Vertreter gemeint, die zwischen Ende der 1960er Jahre und Ende der 70er Jahre geboren sind.[18] Der Begriff „Generation X" lässt sich von dem gleichnamigen Roman „Generation X – Geschichten für eine immer schneller werdende Kultur" des Autors Douglas Coupland ableiten (1991).[19] Aufgrund der Ölkrisen der 70er und frühen 80er Jahre, des Watergate-Skandals in den USA sowie des Wettrüstens zwischen West und Ost waren die Menschen wegen der gesellschaftlichen und politischen Unruhen verunsichert, sodass immer mehr Mütter sich dazu entschieden, ihren eigenen Beruf auszuüben, um das Haushaltsgeld aufzubessern und damit die Kinder nachmittags alleine Zuhause sind. Der Begriff „Schlüsselkinder" wurde demnach dadurch geprägt.[20] Durch die Weltwirtschaftskrise Ender der 80er Jahre machten sich Resignation und Orientierungslosigkeit breit, „Unabhängigkeit und Selbstständigkeit statt Respekt und Autorität waren daher logische Konsequenzen einer typischen Generation-X-Kindheit"[21]. Jedoch gab es auch gute Zeiten: die Ära der Technologie, der Musiksender MTV und der Fall der Berliner Mauer. Der Computer sollte bald fester Bestandteil im Alltag der Generation X sein.[22]

---

[15] Vgl. Dahlmanns, A., 2014, S. 15

[16] Vgl. Dahlmanns, A., 2014, S. 15

[17] Ruthus, J., 2014, S. 8

[18] Vgl. Klaffke, M.; Parment, A., 2011, S. 5

[19] Vgl. Klaffke, M.; Parment, A., 2011, S. 5; Vgl. Ruthus, J., 2014, S. 8

[20] Vgl. Mangelsdorf, M., 2014, S. 18

[21] Mangelsdorf, M., 2014, S. 18

[22] Vgl. Mangelsdorf, M., 2014, S. 18 f.

2.2.3 Generation Y

Zu der Y-Generation gehören die zwischen 1980 und 2000 Geborenen. Manche Autoren setzen dabei auf unterschiedliche Einteilungen der Geburtsjahre. So gehören nach Parment diejenigen zur Generation Y, die zwischen 1984 und 1994 geboren sind, andere nennen die Jahre von 1981 bis 2000.[23] Teilweise unterscheiden manche Autoren bereits im engeren Sinne zwischen der Generation Y, geboren zwischen 1978 und 1990, und der Generation X, geboren zwischen 1991 und 2000. Da diese Arbeit sich jedoch nicht auf die Kinder und Jugendlichen der Generation Y fokussiert, sondern auf diejenigen, die sich derzeit auf den Einstieg in das Arbeitsleben vorbereiten oder bereits seit einigen Jahren berufstätig sind und somit auf die älteren Mitglieder, sind exakte Eingrenzungen der Geburtsjahre weniger entscheidend.[24] Nach „X" kommt „Y". Es ist also nicht schwer zu erkennen, dass die Ypsiloner die Nachfolgergeneration der X-Generation darstellt. Den Begriff „Generation Y" verwendete erstmals die Fachzeitschrift „Ad Age" im Jahre 1993 und ist seitdem etabliert.[25] Es blieb jedoch nicht bei dieser einzigen Bezeichnung. Die zahlreichen Bezeichnungen sollen dabei die Merkmale und die Vielseitigkeit, die diese Generation ausmacht, wiederspiegeln:

Bezeichnung	Erläuterung
Generation Y	sie gelten als Nachfolger der Generation X
Generation Why	sie stellen alles und jeden in Frage
Nexters	sie sind derzeit die nächste Generation
Generation Nintendo, Net Generation, Cyberkids, Generation@, Digital Natives	sie tauschen bereits in Kinderschuhen ihr Babyfon gegen Smartphone

---

[23] Vgl. Parment, A., 2009, S. 15; Vgl. Hauke Holste, J., 2012, S. 20
[24] Vgl. Ruthus, J., 2014, S. 9
[25] Vgl. Klaffke, M.; Parment, A., 2011, S. 5

Millennials	die Jahrtausendwende markiert für sie den Einstieg in den Ernst des Lebens: Schule, Ausbildung, Studium, Beruf oder das Leben selbst
Trophy Kids	sie haben für alle möglichen Leistungen Urkunden, Pokale und sonstige Trophäen gesammelt
Generation Praktikum	ihr Weg in die Festanstellung ist oftmals von einer Serie verschiedener Praktika gepflastert
Generation Biedermeier	sie haben zum Teil überraschend bürgerliche Vorstellungen von ihrem Leben

Tabelle 1: Bezeichnungen der Generation Y (Quelle: in Anlehnung an DGFP e. V., 2011, S. 10)

Die nachstehende Abbildung soll einen Überblick über die relevanten Generationen und ihre Merkmale geben:

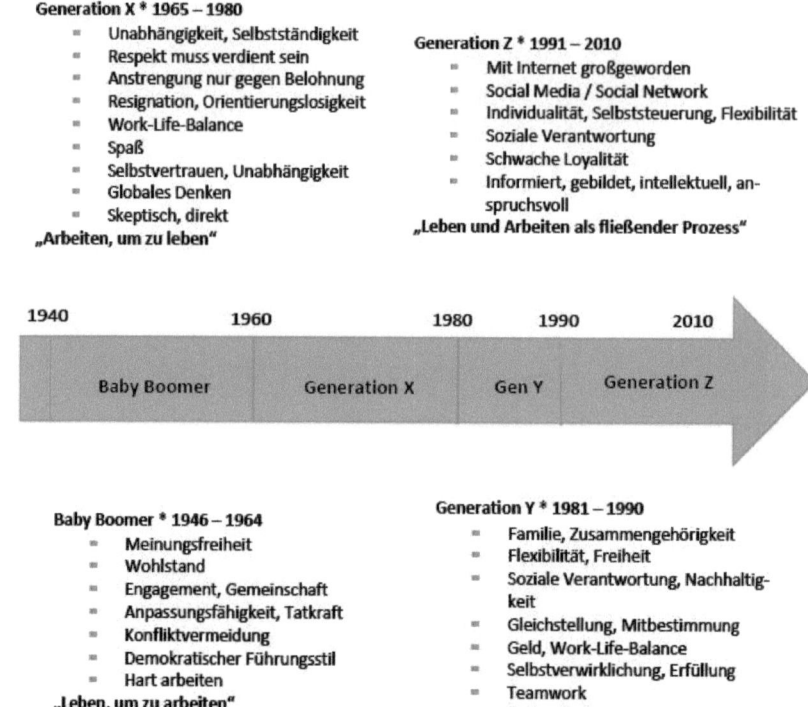

Abbildung 1: Die Generationen und ihre Attribute
(Quelle: in Anlehnung an Reif, M. K., 2015)

2.3 Typisierung der Ypsiloner

Um aus der Perspektive der Generationszugehörigkeit Wünsche und Verhalten von Mitgliedern der Generation Y nachvollziehen zu können, ist es hilfreich, typische Charakteristika dieser Gruppe zu erläutern und zwar unter Berücksichtigung gesellschaftlicher und äußerer Einflüsse sowie persönliche Hintergründe, von denen man ausgeht, dass diese eine besondere Auswirkung auf die Prägung im Kindheitsalter hätten.[26]

---

[26] Vgl. Klaffke, M., 2014, S. 60; Vgl. Ruthus, J., 2014, S. 9

2.3.1 Persönliche Ebene

Im nachstehenden Kapitel wird auf die Charaktereigenschaften der Generation Y eingegangen, die im Zusammenhang mit Erziehung und inneren Werten stehen. Dabei sollen im Einzelnen folgende Thesen beleuchtet werden:

Die Generation Y...

- tritt sehr selbstbewusst auf.
- zeigt sich orientierungslos und sprunghaft.
- sucht nach Sicherheit und Stabilität.
- strebt nach Leistung, Sinn und Spaß im (Arbeits-)Leben.
- wünscht sich Flexibilität in Raum und Zeit.
- fordert stetige Entwicklung und klare Kommunikation.
- hat ein starkes Bedürfnis nach Gemeinschaft und Beziehungen.

Abbildung 2: Generation Y - Thesen zur Charakterisierung (persönliche Ebene) (Quelle: DGFP e. V., 2011, S. 11)

Selbstbewusstsein und Eltern

These: Die Generation Y tritt sehr selbstbewusst auf.

Der Großteil der Mitglieder der Generation Y ist in wohlbehütenden Familien mit guten familiären Verhältnissen aufgewachsen. Viele Eltern trugen mit zwei Einkommen zur Haushaltskasse bei, sodass es den Kindern an nichts fehlte und sie immer beachtet und verwöhnt wurden. Oft wuchsen sie, im Gegensatz zu den Baby Boomern, die häufig eines von fünf oder sechs Kindern waren, als Einzelkinder auf und waren es somit gewohnt, etwas „Besonderes" zu sein und weniger streng aufgezogen zu werden. „Kinder, die unter vielen Geschwistern aufwachsen, lernen vermutlich früh die Bedeutung von Respekt und Hierarchie kennen, und wissen was es heißt, zu warten, bis man an der Reihe ist und abgenutzte Kleiderstücke aufzutragen"[27]. Einzelkinder hingegen kennen keine Geduld und möchten alles sofort und jetzt. Dadurch, dass sie von Kindesschuhen an gewohnt sind mit Autoritätspersonen wie ihren Eltern in Einzelgesprächen zu argumentieren und zu überzeugen versuchen, sind sie mit großem Verhandlungsgeschick gesegnet, welches sich im späteren Berufsleben durchaus als gewinnbringend auswirken kann.[28] Diese Generation kann sorglos in die Zukunft

---

[27] Ruthus, J., 2011, S. 10
[28] Vgl. Ruthus, J., 2011, S. 10

blicken, da ihre Eltern sie behüten, überwachen und steuern.[29] Aspekte wie Individualität und Unabhängigkeit sind wichtige und sorgfältig gepflegte Werte, „monetäre Aspekte hingegen scheinen selbstverständlich zu sein und treten daher als Faktor bei der Wahl eines Arbeitsgebers in den Hintergrund – solange sie angemessen, vergleichbar und leistungsgerecht sind"[30]. Den Ypsilonern werden Charaktereigenschaften wie Selbstüberschätzung und Arroganz zugeschrieben. Dies mag daran liegen, dass sie im Zusammenhang mit dem demografischen Wandel als knappe Ressource behandelt werden. Zudem schätzen sie die langjährige Berufserfahrung weniger als ihre Vorgänger. Besonders zeichnet sie ihre Aufgeschlossenheit und Kommunikationsstärke aus, sie kennen keine Grenzen[31] und „haben im hierarchischen Gefüge keine Berührungsängste gegenüber Autoritäten und Führungskräften und wissen sehr wohl, wie die Manager in den oberen Rängen ihnen beim Erreichen ihrer Ziele helfen können"[32]. Dennoch wird der Generation Y mangelnde Professionalität vorgeworfen, weil ihnen das notwenige Gespür für grundlegende Werte wie Ordnung, Qualität, Pünktlichkeit und angemessene Bekleidung zu fehlen scheint.[33]

Orientierungslosigkeit

These: Die Generation Y zeigt sich orientierungslos und sprunghaft.

„Im Gegensatz zu früheren Zeiten bieten sich der Generation Y im Zusammenhang mit den wirtschaftlichen, gesellschaftlichen und bildungspolitischen Entwicklungen heute unzählige Wahlmöglichkeiten – sei es bei der Zusammenstellung von auf den persönlichen Bedarf genau zugeschnittenen Produkten und Dienstleistungen, sei es bei der Gestaltung der beruflichen und privaten Zukunft."[34] Die Angehörigen selbst empfinden diese Fülle an Wahlmöglichkeiten zugleich als Fluch und Segen, denn obwohl sie mit dieser Vielzahl an Alternativen schlichtweg überfordert sind und sich Orientierungslosigkeit auf der Suche nach ihrem perfekten Weg ausbreitet, ermöglichen andererseits diese vielen Alternativen, dass sich Chancen ergeben, um genau den Lebensweg einzuschlagen, der exakt zu den individuellen Fähigkeiten und Talenten passt und somit für die

---

[29] Vgl. DGFP e. V., 2011, S. 12; Vgl. Ruthus, J., 2011, S. 10
[30] DGFP e. V., 2011, S. 12
[31] Vgl. DGFP e. V., 2011, S. 12
[32] DGFP e. V., 2011, S. 12
[33] Vgl. DGFP e. V., 2011, S. 12
[34] DGFP e. V., 2011, S. 12 f.

persönliche Entfaltung die beste Voraussetzung bietet.[35] Jeder geht mit dieser Fülle an Informationen anders um. Der eine marschiert einfach drauf los und kehrt wieder um, falls der Weg nicht das bringt, was man sich erhofft hatte, ein anderer entscheidet sich für ein Studium oder einen Job und zieht sein Ding durch mit dem Wissen, dass jederzeit die Möglichkeit besteht, die Entscheidung zu ändern und eine andere Alternative zu wählen.[36] Ein Dritter hat keine klare Planung und ist unsicher. Diese Sprunghaftigkeit zeigt sich auch im Arbeitsalltag. So teilt die Wirtschaftswoche 2009 mit, dass die durchschnittliche Beschäftigungsdauer der Ypsiloner bei einem Arbeitgeber durchschnittlich nur 16 Monate beträgt[37], hingegen früher Beschäftigungszeiten von bis zu 25 Jahren sogar normal waren. Die Gleichung „einmal Siemens, immer Siemens" lässt sich nicht mehr auf diese Generation übertragen, denn auch namenhafte Unternehmen schinden bei den Ypsilonern keinen Eindruck mehr, wenn die Arbeitsbedingungen nicht stimmen.[38] Die Unternehmen müssen lernen mit dieser Wechselbereitschaft der Generation Y umzugehen und ihre Beschäftigungsmodelle anpassen. Die Treue zum Arbeitgeber gleicht einer „Just-in-time"-Loyalität.[39] Ebenso wie die Sprunghaftigkeit wird ihnen die leichte Ablenkbarkeit vorgeworfen. Dies mag wohl daran liegen, dass die Aufmerksamkeitsspanne nicht besonders groß ist, und zwar dem riesigen Informationsfluss durch den permanenten multimedialen Input geschuldet. Das Gehirn der jungen Generation muss so viele Informationen aufnehmen, dass ihnen bei der Informationsfülle keine andere Wahl bleibt als diese zu filtern und intuitiv das für sie Unwichtige zu löschen und das Wichtigste herauszusuchen. Somit ist diese Form der Sprunghaftigkeit für die jüngste Generation sogar lebensnotwendig.[40]

Sicherheitsbedürfnis

These: Die Generation Y sucht nach Sicherheit und Stabilität.

Dieses Thema scheint auch bei den Autoren unterschiedliche Meinungen auszulösen. Es muss aus zweierlei Blickwinkeln betrachtet werden. Arbeiten im öffentlichen Dienst scheint bei den jungen Leuten hoch im Kurs zu sein. 4.000 be-

---

[35] Vgl. Ruthus, J., 2014, S. 10

[36] Vgl. DGFP e. V., 2011, S. 13

[37] Vgl. Burkhart, S., 2014

[38] Vgl. Löhr, J., 2013

[39] Vgl. DGFP e. V., 2011, S. 13

[40] Vgl. Mangelsdorf, M., 2014, S. 30 f.

fragte Studenten gaben an, dass der Staat mittlerweile der beliebteste Arbeitgeber bei Uni-Absolventen sei. Dies ergab eine Studie im Auftrag der Unternehmensberatung „Ernst & Young". Die staatlichen Arbeitgeber sind so beliebt, da sich die jungen Menschen, speziell die Frauen, nach Sicherheit sehnen. Zwei Drittel der weiblichen Befragten gaben in dieser Studie an, dass ihnen „Jobsicherheit" bei der Arbeitgeberwahl am wichtigsten sei, bei den Männern waren es immerhin noch 56 Prozent.[41] Andererseits haben die beständigen Veränderungen und wechselnden Anforderungen, mit denen die Generation aufgewachsen ist, zu einer hohen Veränderungsbereitschaft geführt, sodass für sie Sicherheitsdenken fremd ist und Veränderungen sogar gefordert werden. So paradox es scheint, strebt diese Generation nach Sicherheit, Stabilität und Struktur in ihrem Leben, scheint dennoch ständig auf dem Sprung zu sein: trotz dass sie mit der Erwartung, dass sie im Laufe ihrer Karriere bei verschiedenen Arbeitgebern unterkommen werden, ins Arbeitsleben starten, ist es ihnen von großer Bedeutung, einen festen und unbefristeten Arbeitsvertrag zu haben, allerdings nur mit dem Wissen, dass es jederzeit möglich ist, auch wieder gehen zu können.[42]

Sinnsuche

These: Die Generation Y strebt nach Leistung, Spaß und Sinn im Arbeitsleben.

Viele Generation-Y-Mitglieder befinden sich in einer Sinnkrise. Sie zweifeln an der Richtigkeit ihres eingeschlagenen Weges und stecken vereinzelt sogar in den „Quarterlife-Crisis" durch die uneingeschränkten Möglichkeiten der persönlichen Entfaltung. Immer weniger Ypsiloner stecken sich als primäres Ziel eine Führungsposition innezuhaben oder streben nach der klassischen Karriere.[43] Dies mag auch der Grund dafür sein, dass diese Generation als weniger karriereorientiert wahrgenommen werden, denn sie bevorzugen alternative Modelle wie Fach-, Projekt-, oder Portfolio-Laufbahnen. Vor allem bei jüngeren Mitgliedern dieser Generation ist auffällig, dass Leistungsbereitschaft und Karriereorientierung zurückgehen. Einen viel größeren Stellenwert haben Erfüllung und Selbstverwirklichung im Berufs- und Privatleben. Wichtig sind den jungen Berufstätigen interessante berufliche Tätigkeiten und Arbeitsinhalte, die Spaß ma-

---

[41] Vgl. Christ, S., 2014

[42] Vgl. DGFP e. V., 2011, S. 14

[43] Vgl. Ruthus, J., 2014, S. 12

chen und Sinn haben, die Anerkennung der eigenen Leistung sowie eine gute Balance zwischen dem Berufs- und Privatleben.[44]

Flexibilität

These: Die Generation Y wünscht sich Flexibilität in Raum und Zeit.

Der jungen Generation sei Flexibilität wichtiger als ein fester Arbeitsplatz mit Schreibtisch und festen Arbeitszeiten, denn, weil sie mit dem Internet aufgewachsen sind, sind sie es gewohnt, überall und jederzeit arbeiten zu können, so die Zeit-Online.[45] „Die Jungen sind weniger bereit, Einschränkungen des Privatlebens für eine berufliche Karriere zu akzeptieren"[46], „der Wunsch nach Flexibilität bei Arbeitszeit und Beschäftigungsort sei ausgeprägt"[47]. Die Work-Life-Balance bedeutet keine strikte Trennung zwischen Beruflichem und Privatem, sondern im Zuge des technischen Fortschritts gibt es fließende Übergänge zwischen den beiden Bereichen. So werden private Angelegenheiten schon mal während der Arbeitszeit erledigt, zum Beispiel das Überweisen privater Rechnungen via Online-Banking am Arbeitsplatz, im Gegenzug sind diese Arbeitnehmer auch bereit in ihrer Freizeit Arbeiten für den Arbeitgeber zu übernehmen, z. B. das Vorbereiten einer geschäftlichen Präsentation von Zuhause aus. Das Verbot am Arbeitsplatz den Internetanschluss für private Zwecke zu benutzen stößt auf großes Unverständnis oder sogar Ablehnung. Der Ort der Tätigkeit und die Arbeits- und Anwesenheitszeiten verlieren an Bedeutung. Viel bedeutsamer hingegen sind Arbeitsergebnisse und Leistungen. Da oftmals Freunde, Bekannte oder auch Familienangehörige der Ypsiloner im gleichen Unternehmen arbeiten, kann nicht strikt zwischen Privat- und Arbeitsleben unterschieden werden.[48]

Weiterentwicklung

These: Die Generation Y fordert stetige Entwicklung und klare Kommunikation.

„Die grösste Angst der Millennials ist es, in einem Job ohne Entwicklungsmöglichkeiten festzustecken oder überhaupt keinen Job zu finden, der zu ihrer Per-

---

[44] Vgl. DGFP e. V., 2011, S. 15; Vgl. Ruthus, J., 2014, S. 12

[45] Vgl. Heimann, K., 2013

[46] Heimann, K., 2013

[47] Heimann, K., 2013

[48] Vgl. DGFP e. V., 2011, S. 15 f.; Vgl. Ruthus, J., 2014, S. 12 f.

sönlichkeit passt"[49], so eine Studie, bei der in 43 Ländern 16.600 junge Menschen befragt wurden. Gerade dieser Aspekt, dass sie die persönliche Weiterentwicklung gegenüber finanziellen Anreizen vorziehen, ist gerade für die Anhänger der Generation Y typisch.[50] Diese Einstellung wird bereits in Einstellungsgesprächen deutlich, indem der potenzielle Arbeitgeber konkret nach Maßnahmen und Entwicklungsmöglichkeiten befragt wird. So möchte der Bewerber sicherstellen, dass keine leeren Versprechen zum Vorteil der Mitarbeitergewinnung gemacht werden, die dann später von dem Arbeitgeber nicht eingehalten werden. Als „Trophy Kids" versuchen sich die Ypsiloner eine Fülle an Fähigkeiten anzueignen, um sich auf dem Arbeitgebermarkt auf der Suche nach ihrem Traumjob gegenüber den Konkurrenten gut präsentieren und positionieren zu können. Dies sind bspw. internationale Arbeitseinsätze, Fremdsprachenkenntnisse oder Zusatzqualifikationen, die einerseits wenig mit der ausgeschriebenen Stelle zu tun haben, andererseits keinerlei Rückschlüsse zulassen, ob ernstes Interesse an der stellenbezogenen Aufgabentätigkeit besteht, vielmehr im Sinne einer „Rundumsorglos-Logik" erworben werden.[51] Die jungen Berufseinsteiger sind nicht bereit, lange auf spannende Projekte zu warten. Sie sehen dies als Zeitverschwendung an, verstehen allerdings nicht, dass sich der Anspruch auf Weiterentwicklung erst verdient werden muss, wenn es sein muss sogar über einige Jahre hinweg. Sinnlos empfundene Aufgaben und Arbeiten, sowie Unterforderung führen zur inneren Kündigung, Demotivation oder sogar Abwanderung. Hingegen ist Verlässlichkeit, Transparenz und zielgerichtete Kommunikation für die Ypsiloner von hoher Bedeutung.[52] Sie wollen von ihrem Arbeitgeber umsorgt werden und fordern von ihren Vorgesetzten, Projektleitern und anderen Ansprechpartnern im Unternehmen regelmäßige Feedbackrunden zu ihrer Arbeit ein.[53] Man will schließlich wissen, wo man steht, was erwartet wird und welchen eigenen Beitrag man zu dem ein oder anderen Projekt leistet. Dabei vergessen sie oft, dass Feedback nicht nur aus Lob und Schulterklopfen besteht, sondern auch mit negativer Kritik behaftet sein kann. Es fällt ihnen schwer, Rückschläge

---

[49] Mair, S., 2015
[50] Vgl. Mair, S., 2015
[51] Vgl. Ruthus, J., 2014, S. 12
[52] Vgl. DGFP e. V., 2011, S. 16
[53] Vgl. Löhr, J., 2013

einzustecken und sie verstehen dabei nicht, dass das Feedback Anregung zur verbesserten Leistung sein kann.[54]

Beziehungen

These: Die Generation Y hat ein starkes Bedürfnis nach Gemeinschaft und Beziehungen.

Gemeinschaft und Zusammengehörigkeit haben bei der jungen Generation einen hohen Stellenwert. Die Familie und Freunde bieten Zuflucht und Sicherheit, dagegen ist die Welt voller Gefahren und unbeständig.[55] „Ob virtuell oder im richtigen Leben, Freundschaften und Beziehungen vermitteln Zugehörigkeit und soziale Wertschätzung, sind somit extrem wichtig und mitunter Ausdruck einer erstaunlich großen Loyalität untereinander"[56]. Der informelle Umgangston, den die Generation Y pflegt, ist dem Gemeinschaftssinn geschuldet. Dieser führt dazu, dass sie alle und jeden gleichwertig betrachten und Hierarchien, Titel und traditionelle Statussymbole ignorieren.[57] Tatsache ist, dass die Ypsiloner verstärkt soziale Kontakte außerhalb des Arbeitsumfeldes pflegen. Dieses Phänomen ist damit zu begründen, dass sie bereits zu Beginn der Tätigkeitsaufnahme darauf eingestellt sind, aufgrund der hohen Wechselbereitschaft und durch häufiges „Job-Hopping" auf dem Weg zum Traumjob mehrfach die Arbeitskollegen und das Arbeitsumfeld und damit das soziale Umfeld zu wechseln.[58]

2.3.2 Gesellschaftliche Ebene

Im nachstehenden Abschnitt wird auf die Entwicklungen der gesellschaftlichen Ebene eingegangen, die maßgeblichen Einfluss auf die Generation Y haben.

---

[54] Vgl. DGFP e. V., 2011, S. 16 f.
Abbildung 3: Generation Y - Thesen zur Charakterisierung (gesellschaftliche Ebene) (Quelle: in Anlehnung an DGFP e. V., 2011, S. 11)

[57] Vgl. Mangelsdorf, M., 2014, S. 25

[58] Vgl. Ruthus, J., 2014, S. 13

Die Generation Y...

- fordert globales Denken und Nachhaltigkeit.
- ist geübt im Umgang mit Technologie und Netzwerken.
- erfährt einen neuen Lebensstil.
- hat die Wahl zwischen vielen Alternativen.
- zeigt sich wählerisch wie eine Diva beim Dorftanztee.

Abbildung 3: Generation Y - Thesen zur Charakterisierung (gesellschaftliche Ebene) (Quelle: in Anlehnung an DGFP e. V., 2011, S. 11)

Globalisierung

These: Die Generation Y fordert globales Denken und Nachhaltigkeit.

Unter Globalisierung wird „die zunehmende Entstehung weltweiter Märkte für Waren, Kapital und Dienstleistungen sowie die damit verbundene internationale Verflechtung der Volkswirtschaften"[59] verstanden. Dieser Prozess wird vorangetrieben durch neue Technologien im Kommunikations-, Informations- und Transportwesen sowie neu entwickelte Organisationsformen der betrieblichen Produktionsprozesse.[60] Fortschritte bei Informationstechnologien, sinkende Kommunikations- und Transportkosten und Marktderegulierung haben zur Steigerung von internationalen Aktivitäten in der Wirtschaft beigetragen. Globalisierung ermöglicht dieser jungen Generation international studieren und arbeiten zu können, in andere Länder zu reisen und in kultureller Vielfalt aufzuwachsen, assoziieren jedoch mit diesem Begriff weniger Arbeitslosigkeit, Frieden und Umweltzerstörungen. Immer mehr junge Menschen nehmen das Problem des Klimawandels wahr. Sie nehmen es sich zur Aufgabe mit verändertem Verhalten, z. B. durch bewusstes Energiesparen in ihrem Alltag, gegen die globale Erwärmung und dem damit verbundenen Problem der Umweltveränderung zu kämpfen.[61] „So überrascht es nicht, dass Millennials vieler Länder Nachhaltigkeit im Wirtschaften und Corporate Social Responsibility auch als eine der größten Herausforderungen und Aufgaben für Unternehmen und damit für ihre potentiellen Arbeitgeber sehen"[62].

---

[59] bpb, o. J.

[60] Vgl. bpb, o. J.

[61] Vgl. Klaffke, M.; Parment, A., 2011, S. 9

[62] Klaffke, M.; Parment, A., 2011, S. 9

Technologie

These: Die Generation Y ist geübt im Umgang mit Technologie und Netzwerken.

Die Entwicklung des Internets und der digitalen Medien haben wohl die Generation Y am wesentlichsten geprägt. Das Internet hat das Informationswesen grundlegend verändert, wenn man bedenkt, welche Auswirkung es auf viele unserer Lebensbereiche hat. Die Anfangsjahre waren geprägt von dem Wunsch nach Zugang und Teilhabe am weltweiten Informationsnetz, heutzutage ist durch Social Media wie Facebook und YouTube der Wunsch nach Partizipation, Co-Kreation und Vernetzung von größter Bedeutung. Im Jahr 2010 lag der Anteil an jungen Menschen, die einen Zugang zum Internet haben, bei 96%; hingegen waren es im Jahr 2002 lediglich 66%. Diese Zahlen unterstützen die Tatsache, dass die Zeit, die die Generation Y im Internet unterwegs ist, kontinuierlich steigt. Die Anzahl der Stunden pro Woche, die die jungen Menschen im Internet verbringen, hat sich in den letzten Jahren nahezu verdoppelt. Waren es im Jahr 2002 noch sieben Stunden, sind es im Jahr 2010 bereits 13 Stunden Internetaktivität in der Woche.[63] „Ein Anfang-20-Jähriger und somit später Vertreter der Generation Y hat im Durchschnitt 250.000 eMails, SMS und Instant Messages erhalten und versendet, 10.000 Stunden das Mobiltelefon genutzt, 5.000 Stunden mit Computerspielen verbracht und sich 3.500 Stunden in sozialen Netzwerken online aufgehalten"[64]. Die Millennials bedienen sich zur Wissensaneignung am Internet, nutzen Multimedia-Techniken oder E-Learnings und nehmen datenbank-basierten Knowhow-Transfer in Anspruch. Zu bedenken ist trotzdem, dass diese Affinität dieser Medien gegenüber nicht jedem Anhänger dieser Generation zugesprochen werden kann.[65] Bei der Nutzung des Internets ist eine soziale Spaltung zu erkennen. Während der Anteil an Jugendlichen aus der Unterschicht, die täglich und sogar mehrmals täglich das Internet für Computerspiele nutzen, bei einem Viertel liegt, macht dieser Teil bei den Jugendlichen aus der Oberschicht lediglich einen Achtel aus.[66] Sie sind es gewohnt viele verschiedene Kanäle zu nutzen, um soziale Kontakte zu pflegen und auf unterschiedlichsten Wegen miteinander zu kommunizieren. Multitasking stellt schon lange keine

---

[63] Vgl. Klaffke, M.; Parment, A., 2011, S. 9
[64] Parment, A., 2013, S. 22 f.
[65] Vgl. Ruthus, J., 2014, S. 14
[66] Vgl. Klaffke, M.; Parment, A., 2011, S. 9 f.

Herausforderung mehr für sie dar: „Der neue Musik-Mix im rechten, der Lieblingsfreund zwecks nicht virtueller Verabredung am linken Ohr, die Nase für das Referat im Fachbuch, ohne die Nachrichtenbilder des Tages an der Wand aus dem Blick zu verlieren, während gleichzeitig die Finger für eine schnelle Statusmeldung bei Facebook über die Tastatur fliegen? Kein Problem!"[67] Kein Wunder also, dass dieser Generation eine Aufmerksamkeitsspanne, die der einer Fliege gleicht, vorgeworfen wird. Sie stehen unter ständigem Zeitdruck und dem Zwang der Effizienz, um überhaupt allen Anforderungen gerecht werden zu können, sei es im Berufsalltag, als auch im Privatleben.[68]

Mediales Angebot

These: Die Generation Y erfährt einen neuen Lebensstil.

Mit der Einführung des Privatfernsehens, das meist werbefinanziert ist, kann man von einer Kommerzialisierung des Sendeangebots von Rundfunk- und Fernsehanstalten sprechen. Durch die ersten Fernsehserien in den 1990er Jahren wie „Sex and the City", „Beverly Hills" und später „Gossip Girl", wurden den jungen Menschen ein neuer Lebensstil vermittelt, der nicht den traditionell gesellschaftlichen Werten entsprach. Durch Casting-Shows wie „Big Brother", „Germany's next Topmodel" oder „Deutschland sucht den Superstar" wird deutlich, dass geglaubte Voraussetzungen, die notwendig waren, um berühmt zu werden, nicht mehr bedeutsam sind und jeder im Leben erfolgreich sein kann, ohne etwas Nennenswertes dafür getan haben zu müssen. Früher interessierte nur die Ästhetik der Topmodels wie Claudia Schiffer oder Cindy Crawford, hingegen heute der Blick der Generation Y auf die beruflichen und unternehmerischen Erfolge und Lebensstile der Topmodels fällt. Durch die vielen Berichterstattungen der Lifestyle-Magazine wird den Ypsilonern immer wieder vermittelt, die Chancen im Leben zu nutzen und durch Vielseitigkeit Erfolge zu erzielen.[69]

Konsumentensouveränität

These: Die Generation Y hat die Wahl zwischen vielen Alternativen.

Die Generation X und die Baby Boomer hatten weitaus weniger Wahl- und Einflussmöglichkeiten als ihre Nachfolgergeneration. Durch die gesunkenen Trans-

---

[67] DGFP e. V., 2011, S. 17

[68] Vgl. DGFP e. V., 2011, S. 17

[69] Vgl. Parment, A., 2013, S. 23

portkosten und der Deregulierung der Märkte wächst der internationale Handel. Zudem ermöglichen Niedrigpreisanbieter wie Primark und RyanAir, sich zwischen Preis-, Leistungs-, und Qualitätsalternativen zu entscheiden. Dies wird durch steigende Markttransparenz im Zuge des Internets intensiviert. Der Konkurrenzdruck, der zwischen den Wettbewerbern weiterhin steigt, führt zu einer Verschiebung der Marketingaktivitäten. Die Unternehmen versuchen den Konsumenten auf emotionaler Ebene anzusprechen und konzentrieren sich darauf, ihre Merkmale, die sich von der Vielzahl an Konkurrenten abheben, hervorzuheben. Den Ypsilonern fällt es leicht sich zwischen einer Vielzahl an Alternativen, die ihren Erwartungen entsprechen, zu entscheiden und durch entsprechende Markenkleidung und Markenprodukte ihrem Lebensstil Ausdruck zu verleihen. Daraus lässt sich schließen, dass für die Millennials die starke Markenorientierung, das Bedürfnis nach emotionaler Ansprache und die hohen Ansprüche ebenfalls eine große Rolle bei der Wahl des Arbeitgebers spielen.[70] Um sich gegenüber den jungen Menschen emotional und einheitlich präsentieren zu können, arbeiten und investieren immer mehr Unternehmen an dem Aufbau ihrer Corporate Identity. Um eine dauerhafte, individuelle Beziehung zu jedem Abnehmer und damit eine langfristige Kundenbindung aufzubauen, bietet beispielsweise ein Unternehmen wie Adidas über den eigenen Online-Shop an, seine Fußballschuhe individuell konfigurieren zu lassen. Damit wollen sie dem Bedürfnis der Generation Y nach Individualisierung gerecht werden.[71]

Arbeitsmarkt

These: Die Generation Y zeigt sich „wählerisch wie eine Diva beim Dorftanztee"[72].

In Deutschland lässt sich ein Strukturwandel vom Industriesektor hin zum Dienstleistungsbereich, in dem Ausbildung und lebenslanges Lernen hohen Stellenwert haben, verzeichnen. Der Anteil des Dienstleistungssektors ist von 1991 mit 62% auf 2009 mit 73% gestiegen. Kreative Berufszweige wie Wissenschaft, Technik und Marketing werden immer mehr nachgefragt. Der Anteil an Erwerbspersonen in dieser „kreativen Klasse" liegt heutzutage in den USA bei 30%. In den 50er Jahren waren es 5%. Daraus lässt sich ableiten, dass Marken, Talente, Werte und andere immaterielle Faktoren bei der Sicherung der Wett-

---

[70] Vgl. Ruthus, J., 2014, S. 15

[71] Vgl. Parment, A., 2013, S. 24 f.

[72] Buchhorn, E.; Werle, K., 2011

bewerbsfähigkeit von Unternehmen eine immer wichtiger werdende Rolle spielen. Einhergehend mit dem Strukturwandel nimmt die Befristung von Arbeitsverträgen und Tätigkeiten in Leiharbeit immer mehr zu. Jeder vierte Arbeitnehmer unter 30 Jahren war 2010 befristet angestellt.[73] „Im Zusammenhang mit der Veränderung der Arbeitsverhältnisse werden im Hinblick auf Teile der jungen Generation der Begriff „Generation Praktikum" geprägt. Er kennzeichnet den Berufseinstieg von Akademikern bestimmter Fächer über unbezahlte oder gering honorierte Praktika"[74].

Neben dem Absatzmarkt vollzieht sich auch am Arbeitsmarkt eine Steigerung der Transparenz. Man hat es sich zur Aufgabe gemacht Entscheidungsverhalten potenzieller Bewerber bei der Arbeitgeberwahl zu entschlüsseln. Die Ypsiloner holen sich bei der Arbeitgeberwahl Unterstützung durch Arbeitgeberstudien wie „Deutschlands beste Arbeitgeber", Bewertungsportale und unternehmenseigene Karriereseiten, schließlich sei der zukünftige Arbeitgeber sorgfältig ausgesucht. Die junge Generation zeigt sich kritisch und wählerisch auf ihrer Suche.[75]

2.3.3 Wahrnehmung des Verhaltens der Ypsiloner durch Manager

Wie nehmen Manager, die unmittelbar mit der Generation Y zusammenarbeiten, diese in der Arbeitswelt bezüglich Arbeitsmotivation und Kommunikation, Verhalten gegenüber Arbeitskollegen und Vorgesetzten, Arbeitsstil, Forderungen und Einstellungen wahr? Die meisten Manager beschreiben diese Gruppe als erfolgs- und zielorientierte Generation, die ambitioniert und motiviert an ihre Arbeit geht. Häufig fallen im Zusammenhang mit den Ypsilonern die Eigenschaften „fleißig", „ehrgeizig" und „karriereorientiert", welches sich in dem Streben nach persönlicher Entwicklung wiederspiegelt. Die jungen Menschen sind lernwillig und verlangen im Zuge dessen Förderung ihrer Fähigkeiten und Fertigkeiten. Auf der Suche nach Herausforderungen stellen sie hohe Anforderungen an ihre Arbeitsinhalte, um sich beweisen zu können. Obwohl die Millennials als flexibel gelten, ist Work-Life-Balance ein wichtiges Kriterium. Sie zeigen sich freizeitorientiert und legen viel Wert auf ein Leben außerhalb der Arbeit. Daher erwarten sie vom Arbeitgeber, einen Einklang zwischen Arbeit und Privatleben möglich zu machen. Gegenüber den Arbeitskollegen und Vorgesetzten zeigen sich die Ypsiloner als kommunikativ, aufgeschlossen, freundlich und

---

[73] Vgl. Parment, A., 2013, S. 25

[74] Parment, A., 2013, S. 25

[75] Vgl. Ruthus, J., 2014, S. 15 f.

leger. Jedoch ist auffällig, dass sie bevorzugt über Telefon und E-Mail kommuniziert, auch wenn es darum geht, über Wünsche und Probleme zu sprechen, statt das persönliche Gespräch zu suchen.[76] „Die Manager beobachten bei der Generation sowohl eine hohe Teamfähigkeit und Kollegialität als auch ein individualistisches Verhalten. Obwohl dies im ersten Moment vielleicht widersprüchlich erscheint, bestätigen auch andere Studien, dass sich die Generation zwar als Teil einer Gruppe fühlen möchte und sich in dieser wohl fühlt, sie jedoch trotz allem großen Wert auf ihren persönlichen Erfolg und Weiterentwicklung legt"[77]. Größtenteils werden die Vertreter dieser Generation mit positiven Attributen beschrieben, dennoch beklagen Manager, dass sie trotz hoher Ansprüche mit einigen Defiziten in neue Tätigkeiten starten. Etwa die Unlust, sich mit neuen Themen auseinanderzusetzen und sich einzuarbeiten – „wozu, wenn man schnell bei Wikipedia nachschlagen oder jemanden bei Facebook fragen kann"[78] - oder die mangelnde Fähigkeit mit Kritik und Rückschlägen umzugehen. Sie fordern zwar von ihren Vorgesetzten regelmäßiges Feedback ein, reagieren aber bei Kritik eher sensibel. Mit Soft Skills können sie glänzen, dafür fehlt ihnen häufig Mut und Biss zu neuen Maßnahmen.[79] Ein Vorwurf, den Manager den Millennials immer wieder machen, ist ihre Ich-Bezogenheit. Zuerst denken sie an ihr eigenes Wohl und erst dann an das des Unternehmens. Dies spiegelt sich auch in dem wohl größten Problem der Unternehmen mit der Generation Y wider: die sinkende Loyalität der Ypsiloner zu ihrem Arbeitgeber und die hohe Wechselbereitschaft zu neuen Unternehmen.[80]

2.3.4 Werte und Ziele im Leben der Ypsiloner

Abschließend wird auf eine Studie von Kienbaum Bezug genommen. Im Rahmen dieser Studie wurden auf dem Absolventenkongress 2014 in Köln 582 Studierende verschiedener Fachrichtungen aus der gesamten Bundesrepublik befragt, welche Werte und Ziele ihnen in ihrem Leben besonders wichtig sind.[81] Dabei kam es zu folgender Auswertung:

---

[76] Vgl. Kienbaum, 2010, S. 11

[77] Kienbaum, 2010, S. 11

[78] Buchhorn, E.; Werle, K., 2011

[79] Vgl. Buchhorn, E.; Werle, K., 2011

[80] Vgl. Löhr, J., 2013

[81] Vgl. Kienbaum, 2015, S. 2 ff.

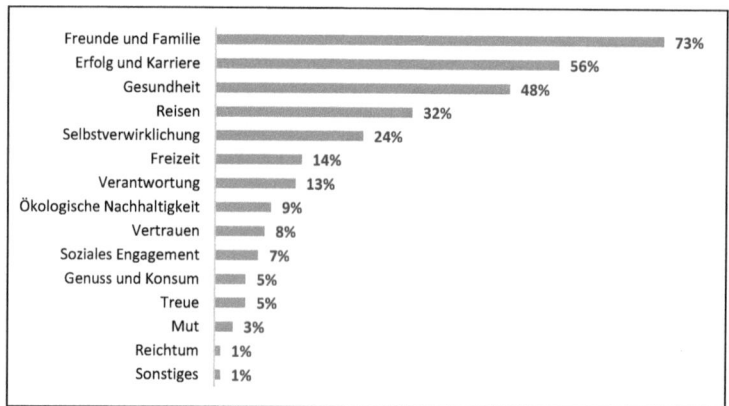

Abbildung 4: Werte und Ziele der Generation Y (Quelle: in Anlehnung an Kienbaum, 2015, S.5)

Zusammenfassend können also folgende Ergebnisse festgehalten werden: Zu den wichtigsten Werten und Zielen der Studienteilnehmer gehören Familie und Freunde, gefolgt von Erfolg und Karriere, sowie Gesundheit. Einen geringeren Stellenwert nehmen materielle Dinge ein: Genuss, Konsum und Reichtum scheinen nur wenigen Befragten wichtig im Leben zu sein.[82]

Nach dieser ausführlichen Typisierung ist es möglich, Schlüsse über mögliche Präferenzen im Arbeitsleben zu ziehen, um dann schließlich Hinweise und Empfehlungen für das Personalmanagement auszusprechen.

---

[82] Vgl. Kienbaum, 2015, S. 5

3. Anforderungen der Generation Y an den Arbeitgeber

Nachdem die Generation Y ausführlich charakterisiert und die Einflussfaktoren, die diese Generation wesentlich geprägt haben, beschrieben wurden, ergeben sich die Fragen, was ihnen im Arbeitsleben besonders wichtig ist, welche Anforderungen und Erwartungen sie an ihren Arbeitgeber stellen oder worauf sie bei der Wahl des Arbeitgebers besonders Wert legen. Erst nach der Beantwortung dieser Fragen ist es dem Unternehmen möglich auf die Präferenzen dieser Generation zu reagieren und das Personalmanagement entsprechend auszulegen, um sich im „War for Talent" als bevorzugter Arbeitgeber am Arbeitsmarkt zu positionieren.

3.1 Kriterien bei der Arbeitgeberwahl

Um eine bessere Vorstellung davon zu bekommen, welche konkreten Anforderungen die Generation Y an die Arbeitgeber stellen, werden im folgenden Ergebnisse aus verschiedenen Studien zusammengestellt:

- Kienbaum: „Was motiviert die Generation Y im Arbeitsleben?" (2009/2010)
- Kienbaum: „Absolventenstudie 2014/2015"
- Signum International: „Generation Y. Das Selbstverständnis der Manager von morgen" (2013)
- Accenture: „Accenture Net Gen Studie 2008"
- PwC: „Millennials Survey: Millennials at work: Reshaping the workplace" (2011)
- Ernst & Young: „Studentenstudie 2014"

Zu bedenken ist, dass diese Studien unabhängig voneinander erhoben wurden und daher nicht unmittelbar miteinander vergleichbar sind. Sie bieten dennoch einen guten Überblick über die Einstellung und Erwartung der Millennials.

Die aktuellste Studie führte Kienbaum Management Consultants GmbH durch. Im Rahmen der „Absolventenstudie 2014/2015" wurde auf dem Absolventenkongress in Köln eine Befragung von 582 Studierenden verschiedener Fachrichtungen aus der gesamten Bundesrepublik durchgeführt[83]. Sie wollten herausfin-

---

[83] Vgl. Kienbaum, 2015, S. 2 f.

den welche Eigenschaften und Angebote eines Arbeitgebers bei der Entscheidung der Arbeitgeberwahl ausschlaggebend sind:[84]

- Kollegiale Arbeitsatmosphäre: 65%
- Work-Life-Balance: 61%
- Karrieremöglichkeiten: 59%
- Weiterbildungsmöglichkeiten: 50%
- Gute Bezahlung: 41%
- Internationalität (Projekte/Kollegen): 40%
- Arbeitsplatzsicherheit: 30%
- Kreativität & Innovation: 24%
- Flache Hierarchien: 18%
- Beständigkeit des Unternehmens: 16%

Die kollegiale Arbeitsatmosphäre ist für 65 Prozent der teilnehmenden Studenten das wichtigste Kriterium bei der Arbeitgeberwahl. Dicht gefolgt von Work-Life-Balance (61 Prozent) und das Angebot von Karrieremöglichkeiten (59 Prozent). Das soziale Engagement eines Arbeitgebers und die Bekanntheit der Marke des Unternehmens zeigen mit 6 und 4 Prozent, dass diese Aspekte von geringer Relevanz sind.[85]

Die Grundlage für die Studie „Generation Y. Das Selbstverständnis der Manager von morgen" bildet zum einen eine umfassende Trendanalyse, die vom Zukunftsinstitut im Auftrag von Signium International durchgeführt wurde. Parallel dazu wurde in einer bundesweiten Online-Umfrage im Sommer 2013 511 Personen im Alter zwischen 20 und 35 Jahren befragt, die mindestens die (Fach-)Hochschulreife besitzen[86]. Es konnten folgende Ergebnisse festgehalten werden:[87]

---

[84] Vgl. Kienbaum, 2015, S. 6

[85] Vgl. Kienbaum, 2015, S. 6

[86] Vgl. Signium International, 2013, S. 7

[87] Signium International, 2013, S. 33

- Gute Arbeitsatmosphäre & Zusammenarbeit im Team: 90%
- Beruf ist sinnvoll & erfüllend: 87%
- Gute Planung, erfüllbare Ziele: 82%
- Gute Vereinbarkeit von Beruf & Familie: 81%
- Sicherer Arbeitsplatz, der Planbarkeit bietet: 81%

Eine weitere Studie, die im Jahr 2011 durchgeführt wurde, ist die Studie „Millennials Survey. Millennials at work: Reshaping the workplace" von PricewaterhouseCoopers (PwC). In dieser Befragung wurden 4.364 internationale Absolventen nach den für sie wichtigsten Kriterien bei der Arbeitgeberwahl gefragt. Basierend auf 206 Datensätzen ergibt sich für Deutschland folgende Rangfolge:[88]

- Karrieremöglichkeiten: 50%
- Konkurrenzfähige Vergütung und finanzielle Anreize: 45%
- Flexible Arbeitszeitmodelle: 34%
- Gute Zusatzleistungen (z.B. Sonderzahlungen): 31%
- Übereinstimmung mit den Unternehmenswerten: 26%
- Trainings- und Entwicklungsprogramme: 24%

Als letzte Befragung soll die „Studentenstudie 2014" von Ernst & Young herangezogen werden. Für diese Studie wurden in einer Online-Befragung rund 4.300 Studenten befragt, von denen 95 Prozent die deutsche Staatsangehörigkeit besitzen und überwiegend ein Studium der Wirtschaftswissenschaften belegen. Sie wurden befragt, welches die wichtigsten Faktoren bei der Wahl des zukünftigen Arbeitgebers sind.[89] Nachstehen die „Top-10-Faktoren":

- Jobsicherheit: 61%
- Gehalt/Mögliche Gehaltssteigerungen: 59%
- Vereinbarkeit von Familie und Beruf: 57%
- Flexible Arbeitszeiten: 41%
- Aufstiegschancen: 34%

---

[88] Vgl. PwC, 2015; vgl. PwC, 2011

[89] Vgl. Ernst & Young, 2014, S. 2 f. und S. 24

- Möglichkeit zu selbstständiger Arbeit: 31%
- Arbeitsumgebung: 24%
- Flache Hierarchien/Kollegialität: 22%
- Markterfolg:18%
- Innovationskraft: 15%

Die „Accenture Net Gen Studie 2008" basiert auf internationalen Ergebnissen. 2.464 Studenten aus acht verschiedenen Ländern (Brasilien, China, Deutschland, Frankreich, Großbritannien, Indien, Russland und USA) wurden befragt, was aus Ihrer Sicht an ihrer beruflichen Tätigkeit am wichtigsten ist. Dabei gaben sie auf den ersten Platz gutes Gehalt, als Zweites interessante und herausfordernde Tätigkeiten und als Drittes ein gutes Kollegiales Betriebsklima an.[90] International betrachtet scheint also ein gutes Gehalt das wichtigste Kriterium bei der Arbeitgeberwahl zu sein. Dies widerspricht den Präferenzen deutscher Teilnehmer.

Aus Gründen der übersichtlichen Vergleichbarkeit der aufgeführten Studien zeigen die Tabellen Nr. 3 und Nr. 4 die Top 10 Präferenzen der Generation Y. Dabei werden den einzelnen Eigenschaften, die bei der Arbeitgeberwahl entscheidend sind, übergeordneten Kategorien wie folgt zugeordnet:[91]

---

[90] Vgl. Accenture, 2008, S. 1 f.

[91] Vgl. Dahlmanns, A., 2014, S. 39

Angebote	Aufgaben	Unternehmen	Mitarbeiter	Werte
Entlohnung	Interessante Aufgaben und Projekte	Standort	Persönlichkeit der Mitarbeiter	Führungsqualität und Leitbild
Zusatzleistungen	Internationaler Einsatz	Arbeitsplatzsicherheit	Qualifikationsniveau der Mitarbeiter	Vertrauen / Flexibilität der Arbeit
Karrieremöglichkeiten	Einfluss	Öffentliche Reputation	Zusammenarbeit	Anerkennung und Respekt
Work-Life-Balance		Branche		Ethische Prinzipien

Tabelle 2: Kategorisierung von Arbeitgebereigenschaften (Quelle: in Anlehnung an Dahlmanns, A., 2014, S. 39)

Auf Basis der übergeordneten Kategorien können folgende Rangordnungen festgehalten werden:

Rang	Kienbaum 2014/2015 Absolventenstudie		Signium International 2013 Studie Generation Y	
	Anforderungen	Kategorie	Anforderungen	Kategorie
1.	Kollegiale Arbeitsatmosphäre	Mitarbeiter	Kollegiale Arbeitsatmosphäre	Mitarbeiter
2.	Work-Life-Balance	Angebot	Erfüllende, sinnvolle Tätigkeit	Aufgaben
3.	Karrieremöglichkeiten	Angebot	Gute Planung, erfüllbare Ziele	Mitarbeiter
4.	Weiterbildungsmöglichkeiten	Angebot	Vereinbarkeit Beruf & Familie	Angebot
5.	Gute Bezahlung	Angebot	Arbeitsplatzsicherheit	Unternehmen
6.	Internationalität (Projekte, Kollegen)	Aufgaben	Abwechslungsreicher Job	Aufgaben

7.	Arbeitsplatzsicherheit	Unternehmen	Weiterbildungs- & Entwicklungsmöglichkeiten	Angebot
8.	Kreativität & Innovation	Aufgaben	Flache Hierarchien	Mitarbeiter
9.	Flache Hierarchien	Mitarbeiter	Flexible Arbeitszeiten	Werte
10.	Beständigkeit des Unternehmens	Unternehmen	Halten an Regelungen	Werte

Tabelle 3: Präferenzen der Generation Y (Quelle: in Anlehnung an Dahlmanns, A., 2014, S. 44)

Rang	PwC 2011 Millennials Survey		Ernst & Young 2014 Studentenstudie	
	Anforderungen	Kategorie	Anforderungen	Kategorie
1.	Karrieremöglichkeiten	Angebot	Jobsicherheit	Unternehmen
2.	Konkurrenzfähige Vergütung	Angebot	Gehalt/Gehaltssteigerungen	Angebot
3.	Flexible Arbeitszeitmodelle	Werte	Vereinbarkeit von Familie und Beruf	Angebot
4.	Gute Zusatzleistungen	Angebot	Flexible Arbeitszeiten	Werte
5.	Übereinstimmung mit den Unternehmenswerten	Werte	Aufstiegschancen	Angebot
6.	Trainings- & Entwicklungsprogramme	Angebot	Möglichkeit zu selbstständiger Arbeit	Aufgaben
7.	Gute Reputation bezüglich ethischer Prinzipien	Unternehmen	Arbeitsumgebung	Unternehmen
8.	Branche	Unternehmen	Flache Hierarchien/Kollegialität	Mitarbeiter

9.	Möglichkeit internationale Erfahrung zu sammeln	Aufgaben	Markterfolg	Unternehmen
10.	Arbeitgebermarke	Unternehmen	Innovationskraft	Aufgaben

Tabelle 4: Präferenzen der Generation Y (Quelle: in Anlehnung an Dahlmanns, A., 2014, S. 44)

Bei der Betrachtung der Tabellen fällt auf, dass die Kategorie „Angebot" am häufigsten auftritt. Die Generation Y stellt demnach vermehrt Anforderungen an das Angebot des potenziellen Arbeitgebers. Dabei stehen die Entlohnung, Work-Life-Balance und die Weiterbildungs-, Entwicklungs- und Karrieremöglichkeiten im Vordergrund, wohingegen die Zusatzleistungen eher eine untergeordnete Rolle bei der Arbeitgeberwahl spielen.[92] Firmenwagen sind ihnen unwichtig. Die Bahncard 100, mit der sich nach Belieben durch das ganze Land reisen lässt, oder auch Dienstfahrräder stehen hoch im Kurs. Im Zuge ihrer beruflichen Entwicklung fordert die Generation von Vorgesetzten regelmäßige Feedbackrunden ein. Sie will von ihrem Arbeitgeber umsorgt werden.[93] Diese Ergebnisse decken sich mit den Ergebnissen aus der Studie des Absolventenkongresses 2014, die in Kapitel 2.3.3 vorgestellt wurde. Die Studierenden gaben an, dass Familie und Freunde, Erfolg und Karriere und die Selbstverwirklichung zu den wichtigsten Werten und Zielen im Leben gehören.

Auch Anforderungen aus den Kategorien Werte und Unternehmen sind für die jungen Menschen von Bedeutung. Sie sehnen sich nach Jobsicherheit und wünschen eine flexible Arbeitszeitgestaltung. Hingegen der Einschätzungen vieler Manager ist die Bekanntheit der Marke eines Unternehmens für Absolventen nur von geringer Relevanz.

Sowohl der Standort als auch die Arbeitsumgebung stellen bei der Arbeitgeberwahl Faktoren dar. Die Auslegung des Attributes „Standort" ist dabei nicht ganz eindeutig – „so könnten sowohl der Standort in einem Ballungsgebiet, einer Metropole aber auch das gewünschte Verbleiben am momentanen Wohnort gemeint sein"[94].

---

[92] Vgl. Dahlmanns, A., 2014, S. 45
[93] Vgl. Löhr, J., 2013
[94] Kienbaum, 2010, S. 7

Die Kategorie „Mitarbeiter" fällt laut dieser Auswertung weniger ins Gewicht. Dies mag daran liegen, dass aus dieser Kategorie weniger Anforderungen zur Auswahl standen als aus den anderen Kategorien. Das Ergebnis teilt jedoch mit, dass die Generation Y Wert darauf legt, sich in ihrem Unternehmen wohl zu fühlen. Dazu zählt der Kontakt zu den Arbeitskollegen. Vielen der Befragten ist ein kollegiales Arbeitsklima wichtig. Sie möchten sich als Teil einer Gruppe sehen, mit der sie sich identifizieren und der gegenüber sie Loyalität zeigen können.[95] Hierarchien sollten möglichst flach und unauffällig sein. „Nichts bringt die Generation Y so sehr in Rage wie Vorgesetzte, die Diskussionen mit dem Verweis auf ihre überlegene Position abkürzen"[96].

3.2 weitere Merkmale eines Arbeitgebers

Bei der Wahl des potenziellen Arbeitgebers lassen sich Unterschiede innerhalb der Attribute „Standort" und „Unternehmensart" feststellen. „Für über die Hälfte (56 Prozent) der Studienteilnehmer nimmt ein Standort, der nah am Wohnort liegt, einen hohen Stellenwert ein. 40 Prozent sind der Meinung, dass der Standort des Unternehmens in einem Ballungsgebiet liegen sollte"[97]. Als wünschenswertes Merkmal wird der Konzern genannt, der gegenüber Start-ups und Kleinunternehmen präferiert wird.[98] Dies bestätigt ebenfalls die Studie von Signium International. Jedoch stellt sich heraus, dass die 20 bis 35-Jährigen lieber bei einem öffentlichen Arbeitgeber als bei einem internationalen Konzern an Bord gehen würden. Hiermit wird nochmals die These aus Kapitel 2.3.1 bestätigt, dass die Generation Y nach Sicherheit und Stabilität sucht, indem sie sich zum öffentlichen Arbeitgeber bekennen. Speziell junge Frauen würden am liebsten bei Bund, Land oder Kommune einsteigen, da hier vor allem die Möglichkeiten der Ausgestaltung von Teilzeit und Wiedereinstiegsmöglichkeiten gegeben sind. Start-Ups bilden das Schlusslicht in der Arbeitgeberwunschliste.[99] „Dies bestätigt im Grunde einmal mehr: Das hohe Risiko des Scheiterns, die wenig planbare persönliche Perspektive und die enorme Unsicherheit wirken eher abschreckend auf die meisten Mitglieder der Generation Y, deren Grunderfahrung per

---

[95] Vgl. Kienbaum, 2010, S. 6

[96] Löhr, J., 2013

[97] Kienbaum, 2015, S. 7

[98] Vgl. Kienbaum, 2015, S. 7

[99] Vgl. Signium International, 2013, S. 33

se schon von Brüchen und Unsicherheit geprägt ist"[100]. Dennoch sind die Präferenzen vielseitig verteilt. Non-Profit-Unternehmen sind mit 9 Prozent nicht viel unbeliebter als die internationalen Konzerne, für die 14 Prozent votieren. Für die Unternehmen bedeutet das, dass jeder die Chance hat, die Generation Y für sich zu gewinnen, der Familienbetrieb oder der Konzern, ebenso wie das Forschungszentrum und das Unternehmen in der Region.[101]

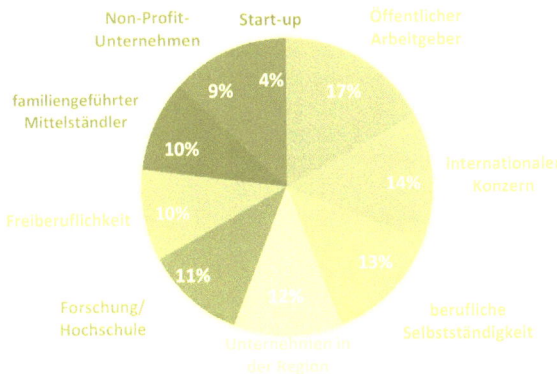

Abbildung 5: Wunscharbeitgeber (Quelle: in Anlehnung an Signium International, 2013, S. 33)

3.3 Informationsverhalten

Für Unternehmen ist es im Rahmen der Personalgewinnung wichtig zu wissen, welche Medien die Ypsiloner nutzen, um sich über den zukünftigen Arbeitgeber zu informieren.

Fast alle Studenten geben an, dass sie sich auf der Suche nach dem potenziellen Arbeitgeber über die unternehmenseigene Webseite der jeweiligen Unternehmen informieren. Neben der Recherche auf Jobbörsen im Internet besuchen viele Studienteilnehmer Hochschul-Bewerbermessen, um dort direkt in Kontakt mit den Vertretern des Unternehmens zu treten und Fragen zu stellen. Der Ein oder Andere wird durch Freunde und Bekannte, die bereits im Arbeitsverhältnis mit dem Unternehmen stehen, auf dieses aufmerksam, aber auch die Suchmaschinen des Internets oder die Sozialen Netzwerke wie XING oder LinkedIn erleichtern

---

[100] Signium International, 2013, S. 32

[101] Vgl. Signium International, 2013, S. 32

die Suche nach Informationen. Nur von wenigen Absolventen werden die Anzeigen der Tageszeitungen oder Apps zur Informationsbeschaffung genutzt.[102]

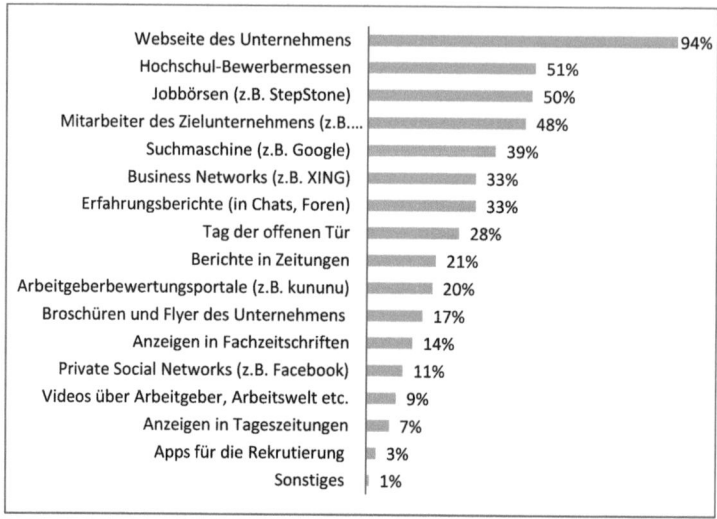

Abbildung 6: Informationsverhalten der Generation Y (Quelle: in Anlehnung an Kienbaum, 2015, S. 8)

3.4 Einstiegspräferenzen

Bei der Wahl des Arbeitgebers ist oft entscheidend, welche Einstiegsmöglichkeiten dem Absolventen geboten werden. „47 Prozent der Teilnehmer würden sich einen Direkteinstieg in ein Unternehmen wünschen, 46 Prozent sind an einem Traineeprogramm und lediglich sieben Prozent an einem Praktikum interessiert"[103]. Traineeprogramme sind demnach ebenso beliebt wie der Direkteinstieg in das Unternehmen. Aber wieso? Traineeprogramme sind zeitgemäß. Sie bieten den Absolventen Einblicke in verschiedene Aufgabenbereiche und Tätigkeitsfelder, bereiten auf den kommenden Berufsalltag und individuell auf die Position im Unternehmen vor, bieten nach dem theoretischen Studium die praktischen Erfahrungen, sind zielorientiert und vermitteln gezieltes Fachwissen und

---

[102] Vgl. Kienbaum, 2015, S. 8

[103] Kienbaum, 2015, S. 10

Fähigkeiten. Ein Praktikum hingegen bietet nur einen sehr begrenzten Einblick.[104]

3.5 Zusammenfassung

Die Präferenzen, die sich aus den verschiedenen Studien ergeben, decken sich mit den Ergebnissen aus der Studie des Absolventenkongresses 2014, die in Kapitel 2.3.3 vorgestellt wurde. Die Studierenden gaben an, dass Familie und Freunde, Erfolg und Karriere und die Selbstverwirklichung zu den wichtigsten Werten und Zielen im Leben gehören. Auch durch die Typisierung, die in Kapitel 2.3.1 behandelt wird, lassen sich Zusammenhänge zwischen dem Charakter der Generation Y und ihren Präferenzen und Anforderungen an den potenziellen Arbeitgeber feststellen, sodass beispielsweise die Thesen „Die Generation Y wünscht sich Flexibilität in Raum und Zeit" und „Die Generation Y sucht nach Sicherheit und Stabilität" durch die Studien bestätigt werden können.

---

[104] Vgl. Kienbaum, 2015, S. 14

4. Handlungsempfehlungen für das Personalmanagement

Unternehmen müssen sich den Herausforderungen einer zunehmend internationalisierten sowie globalisierten Arbeitswelt und dem demografischen Wandel stellen, um den Anforderungen der Generation Y zu entsprechen und damit den „War for Talent" um die qualifizierten Köpfe für sich zu gewinnen. Für das Unternehmen bedeutet dies, mit Hilfe des Personalmanagements eine Strategie zu entwickeln, um trotz des spärlichen Angebotes auf dem Arbeitsmarkt die gutausgebildeten Mitarbeiter für sich zu gewinnen und an sich zu binden. Geeignete Maßnahmen müssen eingeleitet werden, um eindeutige Arbeitgeberpräferenzen bei der Generation Y zu erzielen.[105] Auf der Suche nach Lösungen, wie man auch in Zukunft die junge Genration gewinnen, entwickeln und an das Unternehmen binden kann, lassen sich anhand folgender Fragen Ideen und Handlungsempfehlungen ableiten: Welche Handlungsfelder ergeben sich? Wie stellen sich die Handlungsfelder im Einzelnen dar und schlussendlich welche konkreten Handlungsempfehlungen gibt es für das jeweilige Handlungsfeld, um die eigene Arbeitgeberattraktivität zu steigern und damit dem Fachkräftemangel vorzubeugen?[106]

4.1 Grundsätze des gezielten Personalmanagements

Der nachstehende Teil befasst sich mit der Frage, welche personalwirtschaftlichen Handlungsfelder sich ergeben und wie sich diese Felder im Einzelnen darstellen.

4.1.1 Personalgewinnung

„Die Personalgewinnung beschäftigt sich mit allen Maßnahmen der Identifikation, Ansprache, Rekrutierung und Bindung relevanter Bewerber bzw. -gruppen. Sie gliedert sich in die Aufgaben der Bedarfs- und Anforderungsermittlung, der Personalsuche, der Personalauswahl, der Vertragsgestaltung und der Integration der neuen Mitarbeiter"[107]. In dieser Arbeit werden die Begriffe Personalgewinnung und Personalbeschaffung als Synonyme verstanden.

Viele Unternehmen sind in Bezug auf die Personalgewinnung sehr passiv und zurückhaltend unterwegs, getreu dem Motto, dass sich die richtigen Bewerber

---

[105] Vgl. Stotz, W.; Wedel-Klein, A., 2013, S. 1 f.

[106] Vgl. DGFP e. V., 2011, S. 24

[107] Lukasczyk, A.; Wickel-Kirsch, S., 2013, S. 85

schon irgendwann von selbst melden werden und dann nur noch der richtige Mitarbeiter ausgewählt werden muss. Das Problem liegt aber längst nicht mehr in der Personalauswahl, sondern vielmehr überhaupt Bewerber zu bekommen. Daher werden diejenigen Unternehmen die Gewinner des Arbeitsmarktes sein, die umdenken und sich schon heute mit den neuen Ansätzen der Personalgewinnung auseinandersetzen.[108] „Gewinner werden gelernt haben, Kandidaten wie Kunden zu behandeln. Sie gehen aktiv auf sie zu und versuchen, Beziehungen zu ihnen aufzubauen – über viele Jahre"[109]. Nach der Meinung von Trost steckt in vielen Unternehmen hohes Potenzial, in der Personalgewinnung besser zu werden. „Schwache Personalleiter entschuldigen den schwachen Bewerbungseingang mit geringen Gehältern, Standortnachteilen oder damit, ihre Produkte seien nicht sexy genug. Starke Personalleiter suchen aktiv nach neuen Wegen, um relevante Zielgruppen im Arbeitsmarkt zu erreichen"[110]. Themen wie das Hochschulmarketing müssen weiter ausgebaut und noch systematischer und nachhaltiger betrieben werden. Wer zu den Gewinnern gehören will, setzt das Augenmerk auf Employer Branding und zeigt sich im Umgang mit Social Media aufgeschlossen.

4.1.2 Personalentwicklung

Die Personalentwicklung hat zu Zeiten der demografischen Veränderung an Bedeutung gewonnen und zwar sowohl aus Sicht der jungen Talente als auch für die Unternehmen. Dabei umfasst die Personalentwicklung „alle Maßnahmen der Bildung, der Förderung und der Organisationsentwicklung, die von einer Person oder Organisation zur Erreichung spezieller Zwecke zielgerichtet, systematisch und methodisch geplant, realisiert und evaluiert werden"[111]. Das Angebot an Weiterentwicklungsmaßnahmen steigert aus Sicht der Generation Y die Arbeitgeberattraktivität. Nahezu kein Interview verläuft heutzutage ohne die Frage nach Qualifizierungsangeboten und Entwicklungsperspektiven. Für das Unternehmen sind diese attraktivitätssteigernden Maßnahmen eine Chance, schlaue Köpfe zu gewinnen und an sich zu binden, um dem Fachkräftemangel entgegenzuwirken und gleichzeitig Mitarbeiter und Nachwuchskräfte unternehmensspezifisch zu qualifizieren. Grundsätzlich kann die Personalentwicklung aus vielen

---

[108] Vgl. Trost, A., 2012, S. 2
[109] Trost, A., 2012, S. 2
[110] Trost, A., 2012, S. 2
[111] Becker, M., 2013, S. 5

verschiedenen Elementen bestehen, wie z. B. der Karriere- und Nachfolgeplanung, der Leistungssteigerung durch Kontrolle und Feedback, der Förderung durch Coaching- und Mentoringprogramme und der Aus- und Weiterbildung durch Trainer und Dozenten oder technisch unterstützte Lernformen. Fest steht, dass Organisationen, die Wert auf die Entwicklung ihrer Mitarbeiter legen, attraktive Arbeitgeber sind und sowohl den eigenen Mitarbeitern als auch den potenziellen Kandidaten Anlass bieten, für das Unternehmen tätig zu bleiben.[112]

4.1.3 Personalbindung

Nachdem das Unternehmen qualifizierte Bewerber für sich gewinnen konnte und die Mitarbeiter durch Entwicklungsmaßnahmen auf ihre Tätigkeit vorbereitet und qualifiziert wurden, bedarf es nun der Aufgabe, diese wertvollen Mitarbeiter langfristig an sich zu binden, um den zukünftigen wirtschaftlichen Erfolg des Unternehmens gewährleisten zu können. Die Mitarbeiterbindung ist mit harten ökonomischen Konsequenzen verbunden. Das Unternehmen muss ihr Führungssystem so ausrichten, dass die Personalbindung steigt und damit die Fluktuationskosten sinken. Sie müssen sich vergegenwärtigen, was Fluktuation kostet und was sie bereit sind zu investieren, um die Fluktuation zu steuern. Aufwendungen, die dabei entstehen können, sind u.a. Kosten für die sinkende Motivation und fehlendes Engagement eines Mitarbeiters, wenn er bereits innerlich gekündigt hat; Kosten für die Rekrutierung, um eine freiwerdende Stelle wieder neu zu besetzen; Kosten für die eventuell vorliegende Vakanz, also der Übergangszeit zwischen der ausgeschiedenen und der neuen Arbeitskraft; Kosten für die Nichtbearbeitung einiger Aufgaben und damit eventuelle Umsatzeinbußen und Kosten für die Einarbeitung eines neuen Mitarbeiters. Ursachen für hohe Fluktuation sind meist mangelnde Perspektiven und Entwicklungsinvestitionen und der direkte Vorgesetzte. Wachstum und Erfolg eines Unternehmens hängen demnach von der Bindung und der Leistung der Mitarbeiter ab.[113] Der Autor Christoph Thoma ist folgender Meinung: „Der Wertbeitrag guten HR-Managements ist (…) heute immer noch in vielen Unternehmen einer der am meisten unterschätzten Treiber wirtschaftlichen Erfolges. Man stelle sich die Frage, wie viel Neugeschäft gemacht werden muss, um 1 Mio. zusätzlichen Profit zu erreichen. Der gleiche Effekt kann erzielt werden, wenn zehn gute Mitarbeiter davon abgehalten werden, das Unternehmen zu verlassen. Wenn dies im

---

[112] Vgl. Ruthus, J., 2014, S. 19

[113] Vgl. Thoma, C., 2011, S. 165 ff.

Unternehmen verstanden ist, bleibt die Frage, wie die Bindung erhöht werden kann"[114]. Dieser Frage wird in Kapitel 4.2.3 nachgegangen.

4.2 Personalwirtschaftliche Handlungsempfehlungen zur Steigerung der Arbeitgeberattraktivität

Im nachstehenden Teil dieser Arbeit soll geklärt werden, welche konkreten Handlungsempfehlungen es für das jeweilige Handlungsfeld gibt, um die Arbeitgeberattraktivität zu steigern und damit die Generation Y von sich zu überzeugen und somit dem Fachkräftemangel vorzubeugen.

4.2.1 Mitarbeitergewinnung

Heutzutage stellt das Employer Branding ein wichtiges Werkzeug für Unternehmen zur Mitarbeitergewinnung dar. Das Employer Branding versteht sich als der Teil des strategischen HCM, „bei dem das Besondere des Unternehmens als Arbeitgeber erarbeitet, operativ umgesetzt und nach innen sowie außen kommuniziert wird"[115]. Der Aufbau einer attraktiven Arbeitgebermarke ist von hoher Bedeutung, um die qualifizierten Ypsiloner auf das Unternehmen aufmerksam zu machen und ihr Interesse zu wecken und damit das Überleben des Unternehmens gewährleisten zu können. „Durch eine starke Arbeitgebermarke differenziert sich ein Unternehmen im Wettbewerb um qualifizierte Fach- und Führungskräfte und durch die qualifizierten Fach- und Führungskräfte differenziert es sich wiederum von anderen Unternehmen"[116]. Bei dem Aufbau dieser Marke geht es aber nicht nur darum, offene Stellen über Jobportale oder der unternehmenseigenen Webseite bekannt zu machen, sondern eine Personalmarketing-Strategie zu entwickeln, die an die kritisch zu bewerteten personalwirtschaftlichen Gegebenheiten anknüpft und somit für einen zielgerichteten und damit effizienten Ressourceneinsatz im Personalmanagement sorgen. Daran können dann gezielte Kommunikationsmaßnahmen wie die Gestaltung der Karriereseite im Internet oder die Präsentation des Unternehmens auf Social-Media-Plattformen wie YouTube, XING, LinkedIn und Facebook angeknüpft werden.[117]

---

[114] Thoma, C., 2011, S. 169

[115] Stotz, W., Wedel-Klein, A., 2013, S. 8

[116] Stotz, W., Wedel-Klein, A., 2013, S. 205

[117] Vgl. Klaffke, M. ; Parment, A., 2011, S. 16

Unternehmenswebseite

Es hat sich bestätigt, dass bei der Informationssuche der Genration Y über zukünftige Arbeitgeber die unternehmenseigene Webseite das wichtigste Medium darstellt. Umso wichtiger ist es für Unternehmen mit einer qualitativ hochwertigen Internetpräsenz bei den potenziellen Bewerbern zu punkten. Es reicht nicht mehr, eine einigermaßen gute Seite zu haben, sondern hinter den Karriereseiten müssen Marketingkonzepte stehen.[118] Der Einfluss auf die vielen informellen Kanäle ist umso stärker, je authentischer und deutlicher es das Unternehmen schafft, ihre Unternehmenskultur und das Arbeitgeberversprechen bereits auf der Webseite in Bild und Wort darzustellen und zu kommunizieren. Dabei müssen Aufbau, Gestaltung, Informationsgehalt, Argumentation, Stil, Grammatik und (An-)Sprache auf der gesamten Unternehmensseite einheitlich sein und aus einem Guss stammen. Die Texte auf der Karriereseite sollen für den Bewerber nicht wie Werbetexte klingen, sondern informativ und so geschrieben sein, dass sie eindeutig dem spezifischen Arbeitgeber zugeordnet werden können. Auf der Unternehmenswebseite lassen sich Testimonials und Filme platzieren, die einen guten Überblick über den potenziellen zukünftigen Arbeitgeber geben. Damit sich die Ypsiloner mit den Arbeitnehmern, die in diesen Kurzfilmen gezeigt werden, identifizieren können, sollten die Darsteller echte Mitarbeiter und keine Werbemodels sein und bei der Erstellung mitgewirkt haben. Hier heißt es, ehrlich zu sein und keine falschen Erwartungen zu wecken. Denn stellt sich der Arbeitsalltag vollkommen anders dar, so kann auch die Bildung einer attraktiven Arbeitgebermarke nicht verhindern, dass der Kandidat schnell wieder abwandert.[119] Die Unternehmensseite sollte neben Informationen über das Unternehmen und deren Produkte bzw. Dienstleistungen auch einen Überblick über Stellenangebote liefern, da interessierte Bewerber dort gezielt nach offenen Stellen suchen. Besonders Unternehmen mit einem hohen Bekanntheitsgrad werden direkt von Stellensuchenden angesteuert.[120] Um bei der Gestaltung der Präsenz sicher zu stellen, dass diese eine positive Wirkung auf interessierte Bewerber hat, wird den Unternehmen empfohlen, anhand einer speziell von Personal-Websites entwickelten Formel, die sog. CUBE-Formel, die Internetseite anhand vier Kriterien systematisch zu beurteilen. Ihre Analyse bezieht sich auf die Kri-

---

[118] Vgl. Menke, B., 2010

[119] Vgl. DGFP e. V., 2011, S. 26

[120] Vgl. Dahlmanns, A., 2014, S. 60

terien *Content, Usability, Branding* und *Emotion* und dient der Maximierung des Erfolges der Webseite beim Zielpublikum.[121]

„C" steht für *Content*, dem Inhalt einer Unternehmensseite, die dem potenziellen Bewerber alle notwendigen Informationen über das Unternehmen, die offenen Stellenangebote und über das Bewerbungsverfahren bietet. Die Firmenseite soll Auskunft über die genauen Anforderungen der Tätigkeit, über verschiedene Arbeitsmodelle und über die möglichen Einsatzorte geben.[122] Für den Arbeitgeber hat es einen entscheidenden Vorteil, wenn der Interessent direkt prüfen kann, ob die ausgeschriebene Tätigkeit den eigenen Erwartungen gerecht wird und ob das eigene Profil mit den Anforderungen der Tätigkeit übereinstimmt: man erhält überwiegend Bewerbungen mit tatsächlich geeigneten Kandidaten. Je spezifischer also der Informationsgehalt auf der Karriereseite ist, desto größer ist die Chance auf Kongruenz der Erwartungen von Arbeitgeber und Interessent. Es empfiehlt sich, eine Einstiegsseite einzubauen, auf der der Bewerber die für sich zutreffende Rubrik auswählen kann – Schüler, Student, Absolvent, Berufseinsteiger, Berufserfahrener – um nur relevante Information zu erhalten und die unterschiedlichen Unternehmensbereiche mit jeweiligem Ansprechpartner anzugeben. Es kommt gut an, wenn die Mitarbeiter kurz vorgestellt werden. Dies verleiht dem Bewerber Sicherheit eventuelle Fragen vor dem Absenden der Bewerbung an den zuständigen Mitarbeiter zu stellen. Auch allgemeine Informationen über das Unternehmen als Arbeitgeber dürfen nicht fehlen: welche Entwicklungsmöglichkeiten werden geboten, wie sehen die Arbeitsbedingungen aus, was wird sonst noch geboten und warum ist das Unternehmen ein attraktiver Arbeitgeber. Eine gute Karriereseite bietet die Möglichkeit sich direkt über ein Bewerbungsformular oder über das Bewerbungsportal zu bewerben oder nennt zumindest die bevorzugte Bewerbungsart, zum Beispiel per E-Mail mit Namen des Ansprechpartners und der E-Mail-Adresse. Auch Tipps zur Gestaltung der Bewerbung oder Angaben, worauf das Unternehmen bei der Bewerberauswahl besonderen Wert legt, sind hilfreich für den Bewerber.[123]

Durch eine gewisse Handhabbarkeit, der *Usability*, kann der Bewerber schnell und leicht auf den Inhalt zugreifen. Diese Handhabbarkeit wird aber nur dann erreicht, wenn etwas intuitiv und selbsterklärend bedient werden kann. Ist dies

---

[121] Vgl. Scholz, C., 2014, S. 148

[122] Vgl. Scholz, C. 2014, S. 148 f.

[123] Vgl. Schlichte, M. et al., 2015

nicht der Fall, verliert man den Bewerber. Denn ein Interessent, der sich nicht auf Anhieb auf der Webseite oder Karriereseite zurechtfindet, verabschiedet sich meist sofort. Um die *Usability* für Bewerber zu fördern, sollten folgende Faktoren berücksichtigt werden:

- keine durchgehende Anordnung von Stellenangeboten, sondern jedes Angebot muss einzeln zu finden sein
- Stellenangebote in Rubriken unterteilen und klar strukturieren
- Barrierefreiheit (z. B. Verändern der Schriftgröße)
- Übereinstimmung von Technik und Design

Neben dem Inhalt und der Handhabbarkeit der Unternehmensseite spielt das *Branding* eine wichtige Rolle und wird zu oft sträflich vernachlässigt. Die Markenbildung ist mit die wichtigste Aufgabe im Kampf um die jungen Talente. Die Unternehmen müssen ihre eigene Identität aufbauen, indem die Darstellung der Unternehmenswebseite bzw. die ganze Darstellung des Unternehmens einheitlich erfolgen, um einen Wiedererkennungseffekt zu erzeugen. Corporate Identity ist hier der Schlüssel zum Erfolg. Mit dem formalen Aspekt des Branding zielt man auf Einheitlichkeit und Unverwechselbarkeit ab, indem gleiche Farben, Symbole, Schrifttypen und Bilder auftauchen, die wiedererkennbar sind und bereits auf dem ersten Blick nur einem Unternehmen zuzuordnen sind. Der inhaltliche Aspekt bezieht sich auf die Schaffung einer unverwechselbaren Botschaft und das Vermitteln des „Spirits": Wofür steht das Unternehmen? Was hat das Unternehmen bereits bewegt?[124] „Branding betrifft somit das gesamte Erscheinungsbild nach innen und nach außen."[125]

Die *Emotion* ist das letzte Kriterium der CUBE-Formel. Der Besuch der Unternehmensseite soll Spaß machen. Die Webseite muss emotionales Interesse beim Bewerber auslösen. Dies geschieht durch zielgruppengerechte Sprache, witzige Anspielungen auf die Produkte des Unternehmens oder lustige Sprüche und Fotos. Hier sind der Kreativität keine Grenzen gesetzt. Der Vorteil der Gestaltungs- und Formulierungsfreiheit im Internet gegenüber den Printmedien ist also auszunutzen.[126]

---

[124] Vgl. Scholz, S.; Scholz. C., 2001, S. 18

[125] Scholz, C., 2014, S. 150

[126] Vgl. Scholz, C., 2014, S. 150

Einfache Zusatzfunktionen auf der eigenen Unternehmenswebseite schaffen großen Mehrwert. Unternehmensseiten, die mit derartigen Funktionen ausgestattet sind, erleichtern dem Bewerber die Suche nach relevanten Informationen und halten ihn länger auf der Seite. Diese Funktionen können folgende sein:[127]

- Send2Friend: Weiterleiten von Inhalten an Freunde, z. B. Stellenangebote
- RSS Feeds: informiert den User über Änderungen auf der Homepage[128]; Feeds, die die Nachricht enthalten, müssen über den Feed Reader abonniert werden
- Mashups: verschiedene Medieninhalte werden kombiniert, z. B. Fotos, die in Google Maps integriert werden
- Podcasts: Beiträge in Form von Audio- oder Videodateien, die jederzeit abrufbar sind
- Tagging: Inhalte werden mit Schlagworten versehen, um sie besser finden zu können

Ein Eventkalender mit Recruiting-Events lässt sich einfach in die Unternehmensseite einbauen. Über diesen Kalender behalten die Interessenten einen guten Überblick über die Veranstaltungen und Messen des Unternehmens. Es werden Erinnerungsfunktionen über SMS oder E-Mail angeboten, damit kein Bewerber ein Event verpasst. Um die Termine auch in den persönlichen Kalender übernommen werden können, kann der Eventkalender bei Outlook oder Google importiert werden. Dies fördert die Identifikation des Bewerbers mit dem Unternehmen.[129]

Bewerbungsprozess

Die meisten Unternehmen bieten zwei Optionen der Online-Bewerbung: über ein Bewerbungsportal oder per E-Mail. Beliebter ist die Bewerbung per Mail, da sie schnell und unkompliziert ist. Dabei ist zu beachten, für das Anhängen von Dateien wie Lebenslauf und Zeugnisse genügend Datengröße zuzulassen, damit sie nicht zu Lasten der Qualität komprimiert werden müssen. Die Bewerbung über ein Bewerbungsportal ist aufwendiger, da der Interessent sich erst registrieren und anschießend das Bewerbungsformular ausfüllen muss. Auch für das Unternehmen besteht hier die Herausforderung dem Bewerber genug Raum zu ge-

---

[127] Vgl. Bernauer, D. et al., 2011, S. 88 ff.

[128] Vgl. Rohr, R.; Boschert, S., o. J.

[129] Vgl. Bernauer, D. et al., 2011, S. 88

ben, seine Einzigartigkeit und Vorteile gegenüber anderen Kandidaten präsentieren zu können, anderseits eine schnelle Informationsaufnahme zu gewährleisten, bevor der Bewerber genervt die Bewerbung wieder abbricht. Eine Kompromisslösung bieten Business-Netzwerkkonten, wie z. B. bei Xing. Die dort angelegten Daten werden mit einem Klick in das Bewerbungsportal übertragen und ersparen dem Bewerber so Zeit.[130]

Obwohl es für die Personalabteilung immer schwieriger wird, den richtigen Bewerber für sich zu finden, und die Recruiter viel Energie und Zeit in die Auswahl geeigneter Kandidaten investieren, fordert die Generation Y einen schnellen und unkomplizierten Ablauf des gesamten Bewerbungsprozesses. „Der Wettbewerb schläft nicht, und wenn es einem guten Kandidaten zu lange dauert, bis er auf seine Bewerbung eine Antwort, eine Einladung zum Interview oder ein Angebot erhält, hat er sich längst anderweitig orientiert"[131]. Es empfiehlt sich also, für das erste Kennenlernen Telefoninterviews oder Bewerbungsgespräche via Skype durchzuführen, besonders dann, wenn dem Bewerber eine weite Anreise zum Firmensitzpunkt erspart werden kann. Zudem zeigt sich der Arbeitgeber gegenüber dem Bewerber als modernes und technologisch gut ausgerüstetes Unternehmen. Wenn es zur Unternehmenskultur und Branche passt, darf in einem Gespräch auch gern geduzt werden, allerdings wirkt ein inszenierter flapsiger Umgangston eher unseriös auf die Zielgruppe. Fachbereichsvertreter, die in dem Bewerbungsverfahren involviert sind, sind zuvor von den Human Resources Experten über die Anforderungen und Eigenarten der Generation Y aufzuklären. Denn wenn typische Fragen nach Weiterentwicklungsmöglichkeiten oder Arbeitsweise und -kultur mit Versprechen beantwortet werden, die tatsächlich gar nicht eingehalten werden können, dann wird der Kandidat das Unternehmen schnell wieder verlassen und seine Enttäuschung an Bekannte und Freunde weitergeben. Auch die Zeit zwischen der Zusage und dem Arbeitsantritt sollte ein Unternehmen nutzen, um sich als attraktiver Arbeitgeber darzustellen.[132] „Kleine Aufmerksamkeiten wie Newsletter, Giveaways, ein persönliches Begrüßungsanschreiben des Vorgesetzten, ein Vorstellen des Teams, eine knifflige Aufgabe im Zusammenhang mit der künftigen Position, eine Einladung zu einem Event etc. signalisieren dem neuen Mitarbeiter schon im Vorfeld, dass er

---

[130] Vgl. Dahlmanns, A., 2014, S. 62

[131] DGFP e. V., 2011, S. 31

[132] Vgl. DGFP e. V., 2011, S. 31

dem Unternehmen wichtig ist und man sich auf die Zusammenarbeit freut. Die Integration beginnt demnach schon vor dem ersten Arbeitstag"[133].

Soziale Netzwerke

Neben Facebook und Google+, die meist für private Kontakte genutzt werden, gibt es berufliche Netzwerke wie XING oder LinkedIn, die zur Pflege von beruflichen Kontakten genutzt werden. Soziale Netzwerke stehen hoch im Kurs und haben allgemein hohen Einfluss auf die Generation Y, sodass sich über den neuen Arbeitgeber nicht auf Unternehmens- oder Karriereseiten informiert wird, sondern auch auf Facebook und XING. Umso wichtiger ist es also für die Unternehmen auf diesen Plattformen präsent zu sein und die Aufmerksamkeit der jungen Talente zu gewinnen. Auf Facebook kann das Unternehmen

Abbildung 7: Logo Facebook, XING, LinkedIn (Quelle: Sternitzke, A., 2015)

seine eigene Fanpage als die Profilseite erstellen um mit den Usern in Kontakt zu treten. Über den Klick auf den „Gefällt mir"-Button sind die Nutzer mit dem Unternehmen verbunden. Sie erhalten nun alle Status-Updates und News über das Unternehmen, sehen welche Freunde sich ebenfalls über das Unternehmen informieren und können selbst interessante Artikel mit der Freundesliste teilen. Ohne viel Aufwand kann das Interesse vieler potenzieller Kandidaten geweckt werden. Alternativ kann eine gesonderte Karrierefanpage angelegt werden, die es dem Unternehmen ermöglicht, karrierebezogene Inhalte umfangreicher anzubieten. Auch hier ist bei der Gestaltung der Kreativität keine Grenzen gesetzt; im Gegenteil: es heißt auffallen, um die Aufmerksamkeit der jungen Generation zu bekommen. XING dient als berufliches Netzwerk mehr der Rekrutierung neuer Mitarbeiter und bietet den Unternehmen verschiedene Recruiting- Pakete an: Über *XING-Projekte* kann ein Unternehmen eigene Projekte über 30 Tage ausschreiben und ist damit speziell für die Rekrutierung von Freiberuflern konzipiert. *XING-Jobs* dient als Online-Jobbörse, über das Unternehmen ihre Stellenangebote veröffentlichen können und diese automatisch bei passenden Kandidaten auf deren Seite angezeigt werden. Über den *XING-Talentmanager* können Recruiter ihres Unternehmens auf XING gezielt Kandidaten suchen, also Sourcing betreiben. Dabei können sie auf bestimmte Filter zurückgreifen, um gezielt nach geeigneten Kandidaten zu suchen. Das letzte Angebot ist die Erstellung eines *Unternehmensprofils* als Gratisprofil oder als Employer-Branding-Profil. So können sie ihren Unternehmensauftritt professionell gestalten und auf

---

[133] DGFP e. V., 2011, S. 31

sich aufmerksam machen. Über das Employer-Branding-Profil kann eine Verknüpfung zu anderen Plattformen, wie beispielsweise dem Bewertungsportal kununu, hergestellt werden, um noch mehr Menschen zu erreichen.[134]

Hochschulmarketing

Viele Mitglieder der Generation Y sind Hochschulabsolventen und stellen damit eine wichtige Zielgruppe für Unternehmen dar. „Bei der Gewinnung von Hochschulabsolventen hat sich zunehmend die Erkenntnis durchgesetzt, dass es sich lohnt, möglichst frühzeitig mit Studenten in Kontakt zu treten, sie über die Zeit ihres Studiums hinweg zu binden, um sie dann, wenn sie schließlich ihr Studium abgeschlossen haben, einstellen zu können"[135]. Auf Basis eines strategisch ausgerichteten Hochschulmarketing-Konzeptes funktioniert die Ansprache und Bindung am besten. Dieses Konzept muss auf langfristige Zusammenarbeit mit Career Centern, Hochschulen und Studentengruppen ausgerichtet sein.[136] „Neben Unternehmenspräsentationen bieten Messestände, Workshops und Interviews Absolventen die Möglichkeit, das Unternehmen kennenzulernen und sich gezielt über Job-Angebote zu informieren, während das Unternehmen früh den Kontakt zu jungen Talenten knüpfen kann"[137]. Ebenso gehören die Vergabe von Stipendien, Projekt- und Forschungsarbeiten, Praktika oder Traineeprogramme dazu. Durch die in Kapitel 3.4 aufgeführten Einstiegspräferenzen ist bekannt, dass Traineeprogramme bei der Generation Y ebenso beliebt wie der Direkteinstieg in das Unternehmen sind. Traineeprogramme sind in mehrfacher Hinsicht sinnvoll und können zur Steigerung der Arbeitgeberattraktivität beitragen. Ziel ist es, den Hochschulabsolventen den Übergang vom theoretisch geprägten Studium in die praktische Tätigkeit zu erleichtern, indem der Absolvent gezielt durch Strukturen und Prozesse des Berufsalltages in die Tätigkeit eingeführt wird und somit das Risiko minimiert wird, dass dieser an den möglicherweise unterschätzten Erwartungen des neuen Arbeitgebers scheitert und das Unternehmen wieder verlässt. Das Traineeprogramm bietet dem Bewerber also Sicherheit. Ebenso gewährt dieses Programm für das Unternehmen eine gute Karriere- und Nachfolgeplanung, da die Nachwuchskräfte bereits früh auf verantwortungsvolle Tätigkeiten und Positionen vorbereitet werden können und somit

---

[134] Vgl. Dahlmanns, A., 2014, S. 71

[135] Trost, A., 2012, S. 97

[136] Vgl. DGFP e. V., 2011, S. 29

[137] Enaux, C.; Henrich, F., 2011, S. 84

vakante Stellen auf der Führungsebene durch die Entwicklung eigener Talente besetzt werden können.[138]

4.2.2 Mitarbeiterentwicklung

Die Human Resources Experten können bei der Personalentwicklung auf die einzelnen Entwicklungsinstrumente der drei Säulen Bildung, Förderung und Organisationsentwicklung zurückgreifen. Im nachfolgenden wird zunächst auf die Karriereplanung eingegangen, die den Grundstein für geeignete Bildungs- und Fördermaßnahmen legt, und dann Instrumente und Maßnahmen aus den Bereichen Bildung und Förderung aufgezeigt und erläutert.

Karriereplanung

Bei der Karriereplanung geht es um den optimalen Einsatz des betreffenden Mitarbeiters. „Aufgabe einer systematischen Karriereplanung ist es vorauszuplanen, welche Entwicklungsstationen eine Person durchlaufen muss, um die angestrebte jeweilige nächste und die höchste Karrierestufe zu erreichen"[139]. Die Personalabteilung muss die individuellen Karrierewege der Mitarbeiter bestimmen und daraufhin die geeigneten persönlichen Bildungs- und Fördermaßnahmen einleiten. Die Karriereplanung ermöglicht dem Mitarbeiter „Aufstiegs- und Umstiegschancen in attraktive Positionen, die Übernahme von Fach-, Führungs- und Projektverantwortung, eine Verbesserung von Einfluss und Ansehen, Status und Macht, Selbstverwirklichung durch Übernahme anspruchsvoller Aufgaben, die Möglichkeit, ein höheres Einkommen zu erzielen"[140]. Auch das Unternehmen hat dadurch viele Vorteile. Die Fluktuation vermindert sich aufgrund fehlender Aufstiegschancen, die Mitarbeiter können gezielter auf andere Tätigkeiten vorbereitet werden, Unternehmensziele lassen sich durch die leistungsstarken Mitarbeiter leichter erreichen und die freien Stellen können mit eigenem Fach- und Führungspersonal besetzt werden.[141] Zu wissen, dass sie Teil der Unternehmensplanung sind, kann für die Young Professionals ein Motivations- und Bindungsfaktor sein. Nachdem mit Hilfe der Karriereplanung das Fundament für eine erfolgreiche Entwicklung des Mitarbeiters gelegt ist, können nun geeignete Bildungs- bzw. Förderungsmaßnahmen getroffen werden.

---

[138] Vgl. Haar, M. ter; Meywirth, O., o. J.

[139] Becker, M., 2013, S. 611

[140] Becker, M., 2013, S. 611

[141] Vgl. Becker, M., 2013, S. 611

Lernen und Weiterbildung

Social Media spielt im Leben der Generation Y eine große Rolle. Dies spiegelt sich ebenfalls in ihren Lernpräferenzen wieder. Sie bevorzugen visuelles Lernen statt lange Texte zu lesen und gemeinsames Lernen in Form von Diskussionen und Networking. Ihnen ist es wichtig, Informationen sofort bekommen zu können und sie haben vermehrt Interesse an problem-basiertem Lernen. Besonders bei Seminaren, in denen Fachwissen vermittelt wird, muss die Personalabteilung umdenken. Heute sollte der Schwerpunkt auf der Bereitstellung der Lerninhalte und der Begleitung von Lernen liegen, statt Auszubildende oder Direkteinsteiger vor dem Antritt ihrer Tätigkeit zu wochenlangen Schulungen zu schicken. Um dem Wunsch der Ypsilonern nach kürzeren Lernsequenzen nachzukommen, empfiehlt es sich Seminare an einzelnen Tagen oder nur für ein paar Stunden stattfinden zu lassen. Diese Form des Lernens lässt sich also besser mit dem Phänomen kürzer werdender Aufmerksamkeitsspannen vereinbaren.[142]

Um den Lernenden die Vor- oder Nachbereitung der Unterrichtsinhalte zu ermöglichen, lassen sich gut Informationsquellen, Netzwerke und ggf. Lerngruppen einsetzen. Besonders das E-Learning hat sich als moderne Lernmethode herauskristallisiert. Die Mitarbeiter können räumlich und zeitlich und somit absolut flexibel und je nach Bedarf, auf die Inhalte zugreifen. Ebenso wie Vermittlung von Wissen über Audio- oder Video-Podcasts, die z. B. über Smartphones jederzeit angehört werden können, etwa beim Autofahren oder im Zug. Es ist zu beachten, dass sie nur von kurzer Dauer sind, um auch in kurzer Zeit vollständig genutzt werden können. Jeder, der ein Smartphone besitzt, kann überall Podcasts herunterladen, was die Flexibilität der Nutzung noch weiter erhöht.[143]

Company Universities und Mitarbeiter-Akademien, die ihre Trainings und Seminare auf den Kompetenzbedarf des Unternehmens ausrichten, fördern die Mitarbeiter, lebenslang zu lernen und ihre Beschäftigungsfähigkeit auszubauen. Unternehmen, die interne Trainings zu verschiedenen Themen anbieten, wie zum Beispiel Computer- oder Sprachkurse oder Persönlichkeitstrainings, sind für die Generation Y interessant und attraktiv.[144]

Die intensivste Weiterentwicklung findet jedoch direkt am Arbeitsplatz statt. Da diese Generation schnell gelangweilt ist und Abwechslung und Herausforderun-

---

[142] Vgl. Kleiminger, H., 2011, S. 137 ff.
[143] Vgl. Trost, A., 2011, S. 13 f; vgl. Kleiminger, H., 2011, S. 140 f.
[144] Vgl. DGFP e. V., 2011, S. 36

gen sucht, kann man mit Routineaufgaben nicht bei ihnen punkten. „Möglichkeiten, diesem Wunsch nach Abwechslung entgegenzukommen, sind die Anreicherung von Funktionen durch neue Aufgaben (Job Enlargement / Job Enrichment) und Verantwortung sowie der Wechsel zwischen ähnlichen Positionen innerhalb der Organisation oder sogar im Austausch mit anderen Unternehmen (Job Rotation), sofern die Flexibilität nicht überstrapaziert wird, der Aufwand im Verhältnis zum Nutzen steht und Fragen des Wettbewerbs eine untergeordnete Rolle spielen"[145]. Ebenso empfiehlt es sich erfahrungsorientiertes Lernen durch Projekte, projektorientierte Lernformen oder Planspiele zu ermöglichen. Insbesondere bei Planspielen kann der Bewerber selbst tätig werden und Schritte ausprobieren und bei Fehlentscheidungen neue Strategien verfolgen. Während eines Traineeprogrammes kann der Trainee im Rahmen eines Projektes lernen, Verantwortung zu übernehmen, indem er eine eigene kleine Filiale betreibt oder für bestimmte interne Aufgaben die Führung übernimmt.[146] „Dabei wird erfahrungsorientiert spezifisches Fachwissen vermittelt, gleichzeitig aber auch Verantwortung, Kundenkommunikation etc. in unterschiedlichen Rollen als Mitarbeiter oder Supervisor trainiert"[147]. Fachlich ist es sinnvoll, Berufseinsteiger in Projekte zu integrieren. Sie lernen so das Unternehmen schneller kennen, stellen direkt eine Bindung zu Arbeitskollegen und der Arbeitsweise her und fühlen sich ernst genommen und willkommen. Dabei ist zu beachten, dass die Inhalte des Projektes relevant sind und einen Bezug zur eigentlichen Tätigkeit im Unternehmen haben.[148]

Leistung und Feedback

Die Generation Y fordert stetige Entwicklung und klare Kommunikation. Aus diesem Grund fordern sie von ihrem Arbeitgeber regelmäßig Feedback ein. Daher müssen Unternehmen, die diese Generation für sich gewinnen wollen, Wert auf Feedback legen, auch wenn es innerbetrieblich zu Konflikten führen kann, denn vorhandene „Mitarbeiter sind meistens nicht an intensives Feedback gewöhnt und könnten es auch als problematisch sehen: besonders ältere Mitarbeiter befürchten oftmals, dass ein intensives Feedback mit Misstrauen und Unselbstständigkeit verknüpft ist. Sie sind an selteneres Feedback – oft auf jährli-

---

[145] DGFP e. V., 2011, S. 37

[146] Vgl. Kleiminger, H., 2011, S. 141

[147] Kleiminger, H., 2011, S. 141

[148] Vgl. Kleiminger, H., 2011, S. 142

cher Basis – gewöhnt"[149]. Dennoch haben Feedback-Gespräche eine wichtige Funktion. Die Führungskraft gibt dem neuen Mitarbeiter hinsichtlich dessen Integration in das Team, Verhalten und Aufgabenerfüllung eine Rückmeldung. Dabei sollen Fehler zwar aufgedeckt, aber als Chance zur Verbesserung erläutert werden. Der neue Mitarbeiter kann damit das Gespräch für Anregungen und Fragen für die weitere Einarbeitung nutzen.[150] Gerade als Personalentwicklungsfunktion sollten Mitarbeitergespräche eingesetzt werden. Die Beurteilung dient als Grundstein für die Ableitung von Lern- und Entwicklungsfeldern. So sollten konkret mit dem Mitarbeiter Maßnahmen und Aktivitäten vereinbart werden, die zur Behebung von Schwächen führen. Auch der Verlauf eines solchen Gespräches ist wesentlich. Im Nachfolgenden werden die wichtigsten Empfehlungen ausgesprochen:[151]

- Um die Verknüpfung mit anderen Prozessen des Talent Managements zu ermöglichen und sicherzustellen, empfiehlt es sich mindestens jedes Jahr ein Mitarbeitergespräch durchzuführen.

- Da das Gespräch zu individuellen Personalentwicklungsmaßnahmen genutzt wird, sollte das Gespräch rechtzeitig vor der Budgetplanung für das nächste Jahr stattfinden, um die Entwicklungsmaßnahmen dann bei der Budgetplanung berücksichtigen zu können.

- Beide Gesprächsteilnehmer, also Mitarbeiter und Führungskraft, sollten sich auf das Gespräch vorbereiten. Es empfiehlt sich, dass beide Teilnehmer einen Beurteilungsbogen bearbeiten, sodass im Gespräch selbst die entstandenen Einschätzungen und damit Selbst- und Fremdbild, miteinander verglichen werden können. Nur so werden Differenzen in der Wahrnehmung aufgedeckt.

- Ein gutes Mitarbeitergespräch benötigt kein umfangreiches Handbuch, sondern vielmehr einen sorgfältig aufgebauten Gesprächsleitfaden. Dieser Leitfaden sollte zum einen den Rückblick auf die vergangene Periode sowohl aus Sicht des Mitarbeiters wie auch der Führungskraft zulassen:[152]

---

[149] Parment, A., 2009, S. 110

[150] Vgl. Becker, M., 2013, S. 565

[151] Vgl. Enaux, C.; Henrich, F., 2011, S. 197 f.

[152] Enaux, C.; Henrich, F., 2011, S. 198

> **Gesprächsleitfaden**
>
> Wie erfolgreich waren Sie in der Bewältigung Ihrer wesentlichen Arbeitsaufgaben? Welche Faktoren haben Ihrer Ansicht nach die Aufgabenerfüllung beeinflusst?
> An welchen Maßnahmen zur fachlichen und persönlichen Weiterentwicklung haben Sie teilgenommen? An welchen nicht? Worin lagen die Ursachen?
> Welche Veränderungen haben die Entwicklungsmaßnahmen bewirkt? In welchen Fällen haben Sie Lern- und Verbesserungseffekte wahrgenommen? In welchen nicht und worin lagen die Ursachen?
> Wie ist die Zusammenarbeit mit Ihrer Führungskraft im letzten Jahr verlaufen? Was waren positive Erfahrungen, was negative Erfahrungen?
> Wie haben Sie die Zusammenarbeit mit Ihren Kollegen bzw. anderen Bereichen wahrgenommen? Was lief gut, was weniger gut?
> Welche Erwartungen haben Sie an Ihre Führungskraft hinsichtlich der Zusammenarbeit? Was kann Ihre Führungskraft tun, um die Zusammenarbeit zu fördern?
> Wo sehen Sie Möglichkeiten, von sich aus die Zusammenarbeit mit Ihrer Führungskraft und/oder Kollegen zu verbessern?

Abbildung 8: Gesprächsleitfaden (Quelle: in Anlehnung an Enaux, C.; Henrich, F., 2011, S. 198)

Zum anderen soll eine Bewertung der Kompetenzen stattfinden. Wenn Mitarbeiter und Führungskraft hinsichtlich eines bestimmten Kriteriums unterschiedlicher Auffassung sind und auch durch das Gespräch keine Einigung erzielt werden kann, so wird folgendes Vorgehen empfohlen:[153]

1. Beide Einschätzungen werden auf dem Bewertungsbogen eingetragen. Dabei muss erkennbar sein, welche Einschätzung die des Mitarbeiters und welche die der Führungskraft ist.
2. In den Anmerkungen werden die Gründe der abweichenden Sicht festgehalten.

---

[153] Enaux, C.; Henrich, F., 2011, S. 199

3. Für weiterführende Prozesse (Maßnahmenvereinbarungen, Potenzialeinschätzungen etc.) ist die Einschätzung der Führungskraft maßgeblich. (Allerdings darf die Sinnhaftigkeit, einen Mitarbeiter z. B. auf ein Seminar zu schicken, der in dem entsprechenden Bereich keinen Entwicklungsbedarf erkennt, bezweifelt werden.)

Um zu verhindern, dass sich die jungen Talente auf dem Arbeitsmarkt anderweitig nach Weiterbildungs- und Entwicklungsprogrammen umschauen, ist es wichtig, Transparenz in Bezug auf die Entwicklungsoptionen zu schaffen. Hierzu gehören eine klare Kommunikation der möglichen Karrierewege sowie den persönlichen Entwicklungspfad in regelmäßigen Mitarbeitergesprächen zu thematisieren.[154] Der Austausch ermöglicht dem neuen Mitarbeiter inhaltliche und leistungsbezogene Fragen zu klären und der Führungskraft, dem Neuling die eigenen Erwartungen und die Spielregeln für eine gute Zusammenarbeit mitzuteilen. Das Gespräch ermöglicht es ein gutes Bild über die Wünsche, Erwartungen und Vorstellungen des Mitarbeiters zu bekommen.[155]

Entwicklung und Förderung

Um die Mitglieder der Generation Y optimal zu fördern und an das Unternehmen zu binden, bieten sich neben Teamkollegen, Personalbetreuer und Führungskräfte als Ansprechpartner auch Mentoring Programme und Career Counselling an. „Mentoring bezeichnet das zielbezogene Beratungsverhältnis zwischen dem Berater oder einer Beratergruppe (Mentoren) und mehreren Ratsuchenden (Mentees), das mit dem Ziel der beruflichen und persönlichen Förderung der Mentee-Gruppe zeitlich befristet geschaffen wird"[156]. Der erfahrene Mentor unterstützt also sowohl das persönliche, als auch das berufliche Vorankommen seines Mentees durch Ratschläge, Hinweise und Kontakte jeglicher Art. Idealerweise kommt der Mentor aus einem anderen Bereich, sodass der Mentee von den Einblicken in anderen Abteilungen profitieren kann, und ist Mitglied der älteren Generation im Unternehmen, damit das Verständnis unterschiedlichen Handels und Denkens zwischen den Generationen gefördert wird. Neben dem Mentoring kann auch das Coaching als Entwicklungsmaßnahme dienen. Dabei ist der Coach nicht die Führungskraft, sondern ein extern Enga-

---

[154] Vgl. Klaffke, M.; Parment, A., 2011, S. 17
[155] Vgl. DGFP e. V., 2011, S. 33
[156] Becker, M., 2013, S. 667

gierter.[157] Falls es im Unternehmen kein Counselling- oder Mentoring-Programm gibt, sollte zumindest durch die Kultur des Betriebes das Knüpfen von Kontakten gefördert werden. Von Anfang an ist festzuhalten, dass der Mitarbeiter die treibende Kraft ist, der Vorgesetzte fordert und fördert und der Personalbetreuer durch Instrumente und Ratschlägen die notwenige Unterstützung bietet.[158]

4.2.3 Mitarbeiterbindung

Die Generation Y stellt vermehrt Anforderungen an das Angebot des potenziellen Arbeitgebers. Dabei stehen die Entlohnung, Work-Life-Balance und die Weiterbildungs-, Entwicklungs- und Karrieremöglichkeiten im Vordergrund. Sie arbeiten gerne in Unternehmen, in denen ein kollegiales Arbeitsklima herrscht und eine moderne Arbeitsumgebung geboten wird. Diese Faktoren spielen also eine große Rolle, wenn es darum geht, die qualifizierten Bewerber, die für sich gewonnen werden konnten und durch Entwicklungsmaßnahmen auf ihre Tätigkeit vorbereitet und qualifiziert wurden, langfristig an sich zu binden. Im nächsten Abschnitt wird auf die Frage eingegangen, was das Unternehmen tun kann, um diejenigen Mitarbeiter zu halten, die sie auch tatsächlich halten möchten.

Onboarding

Bereits ab dem ersten Arbeitstag muss sich das Unternehmen als attraktiver Arbeitgeber darstellen. Der neue Mitarbeiter bekommt sehr schnell einen Eindruck davon, wie im Unternehmen mit den Arbeitnehmern umgegangen wird. Fühlt sich der Neuankömmling erstmal unwohl, so fällt es schwer ihn dennoch von sich und dem Unternehmen zu überzeugen. Mit einfachen Mitteln kann der erste Arbeitstag beeindrucken. Der zuständige Vorgesetzte sollte das neue Teammitglied an seinem Arbeitsplatz mit einem Blumenstrauß begrüßen. Auch die Kollegen müssen über den Antritt informiert sein, damit der neue Mitarbeiter bei Ankunft nicht aus der Not heraus in irgendeinem Büro geparkt wird, um den richtigen Ansprechpartner ausfindig zu machen. Es empfiehlt sich ein Rundgang durch die Büroräume, um sich den anderen Mitarbeitern gegenüber bekannt zu machen. Da die ersten Tage sehr aufregend sind und das neue Mitglied mit vielen Fakten und Namen konfrontiert sein wird, erleichtert es die Eingewöhnung, wenn man dem neuen Kollegen ein Teamboard mit Fotos und Funktionen zur Verfügung stellt. Dem neuen Mitarbeiter sollte ein Ansprechpartner zugewiesen

---

[157] Vgl. Enaux, C.; Henrich, F., 2011, S. 139
[158] Vgl. DGFP e. V., 2011, S. 34

werden, an den er sich in der Zeit der Einarbeitung bei Fragen und Anregungen wenden kann. In einem Gespräch ist neben organisatorischen Inhalten auch die langfristige Strategie des Unternehmens zu erklären. Neue Mitarbeiter sollten in den ersten Pausen beim neuen Arbeitgeber keinesfalls aktiv nach einer Begleitung suchen müssen. Die Kollegen werden angehalten, den Neuling nicht im Regen stehen zu lassen. Wichtige Informationen über Arbeitszeitregelung, Krankmeldung, regelmäßige Meetings und andere Gepflogenheiten können in einer Mappe gesammelt und auf den Schreibtisch des neuen Mitarbeiters gelegt werden. So erhält er einen guten Überblick. Beteiligte Abteilungen, wie zum Beispiel der IT-Service, sollten direkt bei Vertragsunterschrift über den Eintrittstermin des neuen Kollegen informiert werden, damit die technische Ausstattung nicht erst nach und nach zur Verfügung steht. Allgemein gehört es zur Aufgabe der Personalabteilung, einen Ablaufplan und eine Checkliste zu erstellen und diese den Führungskräften zur Verfügung zu stellen, damit eine gute Einarbeitung und Integration der neuen Mitarbeiter gewährleistet ist.[159] Denn „je schneller das neue Teammitglied durchstarten kann, umso größer [sind] Effektivität, Produktivität und der persönliche Beitrag zum Gruppen- und Unternehmenserfolg"[160].

Einige Unternehmen bieten Einführungsveranstaltungen an, an denen neue Mitarbeiter teilnehmen können und die je nach Unternehmensgröße ein paar Stunden oder sogar Tage andauern können. „Hierbei werden die einzelnen Bereiche des Unternehmens und ihre Repräsentanten vorgestellt, wichtige Spielregeln für den Umgang miteinander erläutert, Unternehmensteile besichtigt und gegebenenfalls fachliche Themen bearbeitet"[161]. Dabei können sich die Neuen kennenlernen und erste Kontakte knüpfen. Für das Unternehmen ist es sicherlich schwierig, den geeigneten Zeitpunkt für so eine Veranstaltung zu finden, da über das ganze Jahr verteilt neue Mitarbeiter an Bord kommen. Dennoch sollte der Neueinsteiger nicht monatelang auf die Einführung warten müssen, sodass er sich mittlerweile selbst alle relevanten Informationen beschafft und notwendiges Wissen mühsam selbst angeeignet hat.[162]

---

[159] Vgl. Jost, C., o. J.; Vgl. DGFP e. V., 2011, S. 32
[160] DGFP e. V., 2011, S. 32
[161] DGFP e. V., 2011, S. 32
[162] Vgl. DGFP e. V., 2011, S. 32 f.

Die Probezeit wird nicht nur genutzt, um den Mitarbeiter auf den Prüfstand zu stellen, sondern auch der Mitarbeiter prüft, ob das Unternehmen das hält, womit es für sich geworben hat und somit, ob es sich um einen attraktiven Arbeitgeber handelt, bei dem man längerfristig angestellt sein möchte. Daher empfiehlt es sich zum Ende der Probezeit ein Mitarbeitergespräch durchzuführen, um beiderseitig Feedback über die bisherige Arbeitszeit zu geben, Tempo und Ablauf der Einarbeitung zu beleuchten und ggf. Verbesserungen anzusprechen, um dann im positiven Falle die weitere Zusammenarbeit zu besiegeln. So erhält der neue Mitarbeiter eine Einschätzung vom Unternehmen über seine bisherige Arbeitsleistung und das Unternehmen gewinnt wertvolle Erkenntnisse zur Verbesserung des Onboarding-Programmes.[163]

Arbeitsplatz und Umfeld

Die Ypsiloner wünschen sich ein Arbeitsumfeld, in dem sie sich wohl fühlen. Dementsprechend sind die Anforderungen, die sie an ihren Arbeitgeber stellen, hoch. Dies betrifft sowohl das Umfeld und die Kollegen als auch den physischen Arbeitsplatz. „Ergebnisse internationaler Studien bestätigen immer wieder, dass die Sympathie zu anderen Mitarbeitern zusammen mit Entfaltungsmöglichkeiten und guter Lebensqualität eine hohe Priorität bei der Wahl eines Arbeitsplatzes einnimmt"[164].

Für den Ypsiloner muss der Arbeitsplatz einen gewissen Wohlfühlfaktor ausstrahlen. Traditionelle Büros waren gestern. Heute erwartet man Lounge-Atmosphäre zum Verweilen und Entspannen. „Viele Co-working Spaces haben deshalb so viele Anhänger unter jungen Generation-Y-Unternehmern gefunden, weil sie es verstehen, das Konzept zeitgemäß umzusetzen und dieses gewisse Starbucks-Feeling zu kreieren, das heimelige Gemütlichkeit in vertrauter Umgebung mit dem Gefühl verbindet, unter Freunden zu sein. Kein Wunder, dass die Kaffeehauskette aus den USA damit weltweit so erfolgreich ist"[165]. Subtile Farben und natürliches Licht runden den Wohlfühlcharakter ab. Die Ypsiloner wünschen sich Farbnuancen in entspannten Aquamarineblau- und Grüntönen, statt grelle Farben oder steriles Weiß und Schwarz. Die Generation Y zeichnet sich durch ihre Offenheit gegenüber Menschen und Arbeitgeberwechseln aus. Diese Offenheit spielt auch bei den Räumlichkeiten eine wichtige Rolle. Sie

---

[163] Vgl. DGFP e. V., 2011, S. 33

[164] Mangelsdorf, M., 2014, S. 33

[165] Mangelsdorf, M., 2014, S. 35

mögen es großzügig geschnitten und geräumig mit großen Fenstern. Deutlich beliebter als Kunststoff und Fliesen sind natürliche, warme Materialien wie Holz oder Textilien. Eine abwechslungsreiche Gestaltung einzelner Arbeitsbereiche und Räume, Pflanzen zur Dekoration sowie dezente Kunstobjekte, die inspirieren und die Fantasie anregen, sind sehr willkommen. Es sollte dem Mitarbeiter einen gewissen Freiraum bei der Gestaltung und Dekoration gewährt werden, um ihrem Wunsch nach Ausdruck der eigenen Individualität entgegenzukommen. Obwohl diese Generation als mobil und flexibel gilt, wünschen sie sich ihren eigenen Arbeitsplatz, den sie nicht mit anderen teilen müssen oder sogar von verschiedenen Mitarbeitern zu unterschiedlichen Zeiten genutzt wird. Dieser Anspruch widerspricht eigentlich dem Gemeinschaftssinn der Generation Y. Jedoch drückt es wiederum das Bedürfnis nach Identifikation mit dem Arbeitsumfeld und die emotionale Bindung an die Umgebung aus.[166] „Ein moderner Arbeitsplatz mit Wohlfühlcharakter wird von der Generation Y als ideal beschrieben. Natürlichkeit, Offenheit und eine abwechslungsreiche Gestaltung sorgen für eine warme, entspannte Atmosphäre mit individueller Note"[167].

Ausschlaggebendere Argumente als die Gestaltung der Räumlichkeiten sind für die Arbeitgeberwahl flexible Arbeitsmodelle und die zeitgemäße Technologie. Die junge Generation hat Interesse daran, die Arbeit zu einer Zeit und an einem Ort zu machen, die von ihnen selbst gewählt werden.[168] Solange Ziele klar definiert und die Rahmenbedingungen, wie der Mitarbeiter zu erreichen ist, klar abgesteckt sind und diese Freiheit sich mit dem Geschäftsmodell übereinstimmen lässt, sollte die Generation arbeiten können, wo und wann sie wollen. Dieser Ansatz nennt sich in Amerika ROWE – Results Only Work Environment. Bei diesem Arbeitsmodell spielt es keine Rolle, wo und wann die Mitarbeiter arbeiten, es zählen nur die Ergebnisse. Diese Art von Arbeit ist nicht mit jedem Geschäftsmodell zu vereinbaren. Das Unternehmen sollte dennoch die Mitarbeiter motivieren, Vorschläge zu machen, um gemeinsam Lösungen für eine verbesserte Work-Life-Balance zu finden. Durch die Technologie wird die geforderte Flexibilität gefördert. Durch mobile Einsatzgeräte, wie Tablets, Smartphones, Laptops etc. ermöglicht man dem Mitarbeiter von jedem beliebigen Ort aus zu arbeiten. Die Generation Y ist nun mal mit dem World Wide Web und sozialen Netzwerken aufgewachsen. Deshalb ist zeitgemäße Technologie am Arbeitsplatz

---

[166] Vgl. Mangelsdorf, M., 2014, S. 35 f.

[167] Mangelsdorf, M., 2014, S. 36

[168] Vgl. Thoma, C., 2011, S. 177

ein wichtiges Kriterium. Ein neuer Trend, BYOD – Bring Your Own Device – erlaubt es den Mitarbeitern die eigenen privaten Geräte mitzubringen und für die Arbeit zu nutzen. Dieser Trend reduziert zum einen die Kosten für firmeneigene Geräte, Wartung und Schulungen, zum anderen ermächtigt er zu mehr Eigeninitiative und Verantwortung und wirkt damit motivationsfördernd. BYOD sollte von dem Unternehmen nicht von vornherein ausgeschlossen werden. Zusammen mit der IT-Abteilung sind Kosten und Nutzen abzuwägen.[169]

„Flexibilität und Technologie sind zwei enge Verbündete, die Arbeitgeber sich zunutze machen sollten, um Vertreter der Generation Y für sich zu begeistern. Die Ypsiloner sind an individuelle Lösungen, schnelle Kommunikation und virtuelle Kooperation gewöhnt und streben allgemein nach verbesserter Lebensqualität. Auch mit ROWE (Results Only Work Environment) oder BYOD (Bring Your Own Device) können Sie Ihre Arbeitgebermarke attraktiver machen"[170].

Im Rahmen der geforderten Work-Life-Balance ist auch die Familienfreundlichkeit des Arbeitgebers von besonderer Bedeutung. Viele Berufsanfänger haben bereits Kinder oder haben zeitnah Nachwuchs geplant. Daher sind Arbeitgeber, die sich über die Betreuung der Kinder Gedanken machen, im Vorteil. Es besteht die Möglichkeit, das Kind gelegentlich mit in den Betrieb zu nehmen oder die Elternzeit mit betrieblichen Arbeitsaufgaben zu kombinieren, sodass das Kinderkriegen keinen Nachteil in Bezug auf die Karriere darstellt. Einige Arbeitgeber stellen auch unternehmenseigene Kita-Plätze zur Verfügung. Maßnahmen dieser Art erregen öffentliche Aufmerksamkeit und verschaffen der Arbeitgebermarke allgemein ein positives Image und sorgen besonders bei den Berufsanfängern für Attraktivität.[171]

Motivation

Um die Leistungsbereitschaft und die Zufriedenheit der Mitarbeiter zu steigern, bedarf es Gestaltung und Einsatz von Anreizen.[172] Der Charakter und die Eigenschaften der Anhänger der Generation Y lassen Rückschlüsse zu, wie diese Generation am Arbeitsplatz motiviert werden kann:[173]

---

[169] Vgl. Mangelsdorf, M., 2014, S. 39 ff.

[170] Mangelsdorf, M., 2014, S. 41

[171] Vgl. Parment, A., 2009, S. 113 f.

[172] Vgl. Comelli, G.; Rosenstiel, L. von, 2009, S. 17

[173] Vgl. Mangelsdorf, M., 2014, S. 58 f.

- Die Aufgaben und die Erwartungen, die die Führungskraft hat, müssen bereits bei der Einführung geklärt werden.
- Orte zur sozialen Interaktion sind am Arbeitsplatz herzurichten, um zwischenmenschliche Beziehungen aufzubauen und zu pflegen.
- Ihnen wird ermöglicht ihre Arbeit selbstständig und flexibel zu gestalten, auch wenn dies bedeutet, Freizeit und Arbeit miteinander zu vereinen.
- Der Arbeitgeber sollte dem Mitarbeiter die Möglichkeit neben seinem Job zu ehrenamtlicher Freiwilligenarbeit bieten.
- Die Wichtigkeit und die Hintergründe der Arbeiten und Projekte sind dem Arbeitnehmer zu erklären. Die Ypsiloner wollen wissen, wie sie zum Gesamtergebnis beitragen.
- Es sind Bereiche zu definieren, in denen sie Verantwortung übernehmen und damit ihr Fachwissen, ihre Entscheidungskraft und ihr Pflichtbewusstsein unter Beweis stellen können.
- Die Führungskraft muss Interesse an den Ypsiloner bekunden, indem er auf die Fragen eingeht und ermuntert, Ideen zu äußern und Verbesserungen zu unterbreiten.
- Fehler sollten von der Führungsebene zugelassen werden. Bei der Korrektur dieser Fehler sind konkrete Beispiele zu nennen, wie das Verhalten und die Arbeitsweise verbessert werden können.
- Die Ypsiloner sollen sich wertgeschätzt fühlen. Sie müssen in Entscheidungen involviert werden und nach ihrer Meinung gefragt werden, um ihnen das Gefühl zu geben, genauso wichtig zu sein, wie Mitarbeiter, die bereits länger für das Unternehmen tätig sind.
- Das Unternehmen muss den Mitarbeitern Entfaltungsmöglichkeiten und Aufstiegschancen für einen individuellen Karriereweg anbieten.
- Das Unternehmen muss davon überzeugen, dass es am Wohl und an der Entwicklung des Young Professionals interessiert ist.

Eine ganz neue Art und Weise Mitarbeiter zu motivieren, ist Gamification. Dieser Begriff „beschreibt die Integration von spielerischen Elementen und Prozessen in einen spielfremden Kontext"[174]. Ziel ist dabei die Steigerung der Zufriedenheit und Motivation der eigenen Mitarbeiter durch unterschiedliche Metho-

---

[174] Niesenhaus, J., 2013

den und Systeme. Während eines Einsatzes von Gamification konnten neben der Motivationssteigerung auch Lernerfolge, Effizienz und Fehlerfreiheit bei der Aufgabenerfüllung festgestellt werden. Google ist eines der Unternehmen, die die spielerischen Elemente für Schulungen seiner Mitarbeiter nutzt und erreicht damit, dass die Teilnahme an Schulungsmaßnahmen lieber und damit sofort stattfindet und nicht wie zuvor, bis zum Schluss aufgeschoben wird. Dabei werden Bepunktungs- und Belohnungssysteme eingeführt. „Nutzer erhalten Punkte für alltägliche sowie außergewöhnliche Tätigkeiten, wie die Ausübung eines Standardprozesses oder die Unterstützung eines Kollegen bei der Lösung eines Problems. Auszeichnungen (auch „Badges" genannt) dienen der Hervorhebung besonderer Leistungen, wie beispielsweise der wiederholten Erreichung des Monatsziels"[175]. Kleine Grafiken und Symbole, die im Profil des jeweiligen Users angezeigt werden, dienen als Auszeichnung. Zudem gibt es die sogenannten Leaderboards, die auf Basis von Punkten die Leistung von einzelnen Mitarbeitern oder auch Teams miteinander vergleichen. Bewährt hat sich dabei die Belohnung für eine gute Zusammenarbeit der Teammitglieder. „Dabei werden die Teams nicht nur nach ihren Effizienzwerten oder dem Erreichen von Tages- oder Wochenzielen beurteilt, sondern auch durch die gegenseitige Unterstützung bei Problemen oder die durch das Team eingereichten Verbesserungsvorschläge"[176]. Für die Beantwortung von Fragen, die zur Optimierung der Arbeitsabläufe führen, bekommen die Mitarbeiter erneut Punkte. Komplexer wird die Anwendung von Gamification in der industriellen Fertigung. Hier kommt es besonders auf das Mitwirken der Bediener und Wartungsmitarbeiter an, um eine hohe Qualität, eine optimalen Durchsatz und geringe Ausfallzeiten zu erreichen. Ein Element ist das direkte visuelle und auditive Feedback auf Nutzereingaben und verstärkt dadurch das Gefühl der eigenen Selbstwirksamkeit. Neben dem Feedback können Animationen und grafische Hervorhebungen eingebaut werden, die Zusammenhänge und Prozesse deutlicher visualisieren und zudem einen Rhythmus oder ein ideales Timing kommunizieren. Jeder einzelne Arbeitsschritt wird dann durch die Vergabe von Punkten belohnt, sodass jede Handlung des Mitarbeiters das Punktekonto steigern kann. Auch der aktuelle Status kann durch Visualisierung angezeigt werden und verrät dem Bediener sein aktuelles Tagesziel, die bearbeiteten Komponenten in einer Stunde und ob er unter oder über dem Durchschnitt liegt. Ein Statusdiagramm oder ein Tachometer gibt dann

---

[175] Niesenhaus, J., 2013

[176] Niesenhaus, J., 2013

individuelles Feedback über den aktuellen Status und die Leistung. Weiteres Feedback sind Informationen über Fehler. So ist direkt festzustellen, in welchem Bearbeitungsschritt der Fehler unterlaufen und was fehlgelaufen ist. Danach wird ein Lösungsansatz zur Behebung des Fehlers angezeigt. Auch bei der Gestaltung der Pausenzeiten kann Gamification eingesetzt werden. Der Bediener wählt den optimalen Beginn der Pause und starten damit einen automatischen Countdown, der den Beginn der optimalen Pausenzeit aufzeigt. Wenn er seine Pause in diesem Zeitraum nimmt, so erhält der Bediener dafür Bonuspunkte. Intensiv diskutiert wird, ob eine extrinsische Motivation durch Belohnung nicht der falsche Weg ist. Allerdings wecken Spiele meistens die intrinsische Motivation, sodass im Idealfall allein die spielerischen Elemente den Nutzer ausreichend motivieren und eine zusätzliche Belohnung gar nicht angeboten werden muss. Doch die Erfahrung zeigt, dass durch Belohnungen die Motivation zusätzlich gesteigert werden kann. Diese Belohnungen können längere Pausen, zusätzlicher Urlaubstag, Sonderzahlungen oder Geschenke sein, die über das Ansammeln der Punkte erreicht werden können.[177]

Führung

Management	Leadership
Führungsstil:	Führungsstil:
• unterstützend	• authentisch
• persönlich	• visionär
• integrativ	• inspirierend

Tabelle 5: Führung von Generation Y (Quelle: in Anlehnung an Mangelsdorf, M., 2014, S. 67)

Die Generation Y legt Wert auf Flexibilität, Eigenverantwortung und Work-Life-Balance und will von ihrer Führungskraft wahrgenommen und fair behandelt werden. Eine Führung, die rein auf Regeln beruht, wird daher wenig erfolgreich sein und die Bindung zum Unternehmen reduzieren.[178] „Gute Führung von Millennials zeichnet sich aus durch die Schaffung eines Teamgeistes (>>wir zusammen machen xy möglich<<), persönliches Interesse am Mitarbeiter (Werte, Überzeugungen, Interessen) und das Vermitteln für was die Organisation steht, welche Werte diese hat und was die >>Mission<< des Unternehmens bzw. der Organisationseinheit ist"[179]. Es ist wichtig dem Mit-

---

[177] Vgl. Niesenhaus, J., 2013

[178] Vgl. Thoma, C., 2011, S. 177

[179] Thoma, C., 2011, S. 177

arbeiter immer wieder zu vermitteln, welchen Beitrag er zum Unternehmenserfolg leistet. Dem Unternehmen muss bewusst werden, dass Ypsiloner, um generationsgerecht geführt zu werden, sowohl den anleitenden und tatkräftigen Manager als auch den inspirierenden und authentischen Leader brauchen. Die Führungskraft muss also den Spagat zwischen den Führungsstilen schaffen. Ein Manager „konzentriert sich auf die tägliche Arbeit und ihre Prozesse, auf die Bereitstellung und Regulierung notwendiger Ressourcen. Er ist verantwortlich für die Planung, Organisation und Kontrolle von Mitarbeitern, Aufgaben und Methoden"[180]. Der Einfluss des Managers ist durch seinen Status oder durch die Weisungsbefugnis klar definiert. Der Leader hingegen überzeugt durch Charisma und Persönlichkeit und inspiriert, unabhängig von der Position, zu folgen. Die Aufgabe des Leader ist es, „eine Vision zu entwickeln und zu verfolgen, die seine Anhänger begeistert und motiviert. Einem Leader zu folgen geschieht immer aus dem freien Willen heraus und kann nicht durch Machtmittel oder Organisationsstrukturen erzwungen werden"[181]. Wohingegen der Leader hauptsächlich nach dem „Was?" und „Warum?" fragt, fragt der Manager nach dem „Wie?" und „Wann?". Die Ypsiloner fordern einen authentischen Leader, der eine positive Ausstrahlung zeigt, Transparenz und Integrität verkörpert und bereit ist, Verantwortung zu übernehmen, den Mut zur Ehrlichkeit hat und vor allem bereit ist mit den Mitarbeitern in den Dialog zu treten. Der Manager muss den Ypsilonern Nähe und Anleitung geben. Dies bedeutet persönliches Interesse zeigen, klare Ziele vorgeben, Zeit in Coaching investieren und möglichst viel Wertschätzung in Form von Feedback entgegenbringen. Obwohl diese Generation Eigenständigkeit und Verantwortung fordert, soll in kritischen Situationen der Manager unterstützen und Probleme aus der Welt schaffen.[182] „Ein partizipativer Führungsstil, mit dem Leader die Generation Y inspirieren und Manager sie unterstützen können, macht sich bezahlt. Die große übergreifende Vision sollte sinnstiftend und werteorientiert sein, während im täglichen Geschäft viel Kontakt und Coaching angebracht sind. Freiraum für Individualität ist ebenso wichtig wie Authentizität und positives Feedback"[183].

---

[180] Mangelsdorf, M., 2014, S. 64 f.
[181] Mangelsdorf, M., 2014, S. 64
[182] Vgl. Mangelsdorf, M., 2014, S. 64 f.
[183] Mangelsdorf, M., 2014, S. 69

Organisation, Unternehmenskultur und Teamwork

Die meisten Anhänger der Generation Y sind mit Teamwork aufgewachsen. Bereits in der Schule, spätestens jedoch in der Hochschule, wird in Teams gearbeitet. Daher wollen sie auch im Unternehmen zusammen mit begeisterten Leuten tätig werden, denn ihnen sind soziale Kontakte, Freundschaften, enge Zusammenarbeit mit anderen und das Lernen von erfahrenen Kollegen wichtig. Diese Aspekte sind von großer Bedeutung für die Bindung und die Leistung der Millennials. Weil sie sich nicht langfristig an ein Unternehmen binden wollen, wollen sie ihre Kenntnisse und Fähigkeiten permanent ausbauen und immer Neues dazulernen. Es klingt paradox, aber als Unternehmen den Ypsilonern diese Erfahrungen anzubieten, ist Voraussetzung für die Bindung und die Unternehmen, die in ihre Mitarbeiter investieren, haben eine größere Chance, die jungen Talente längerfristig an sich zu binden. Da die Generation Y viel Wert auf gesellschaftliches Engagement legt, sollte der Arbeitgeber gegenüber dem Wunsch nach sozialem und ökologischem Engagement offen sein, auch wenn ggfs. der Arbeitgeber die Arbeitszeiten anzupassen hat.[184]

---

[184] Vgl. Thoma, C., 2011, S. 177 f.

5. Zusammenfassung und Fazit

Diejenigen Unternehmen werden die Gewinner im „War of Talent" sein, die bereits heute umdenken und die Personalgewinnung, -entwicklung und -bindung gemäß den Anforderungen und Präferenzen der Generation Y auslegen.

Arbeitgeberimage ist für die Rekrutierung der Young Professionals ein wichtiger Hebel.[185] Viele Studenten und Absolventen suchen auf Hochschulveranstaltungen und Messen den persönlichen Kontakt zu den Unternehmen. Anderseits wird die beim Einsatz von Social Media gelebte Authentizität der wettbewerbsdifferenzierende Faktor sein. Es empfiehlt sich also, soziale Plattformen mit der eigene Unternehmens,- und Karriereseite zu verknüpfen.[186]

Es ist festzuhalten, dass es keine allgemeingültige Strategie für die Bindung von Millennials gibt, denn sie sind Anhänger einer Generation, die sich noch am Anfang ihrer Karriere befindet und damit in einer Lebensphase, die durch häufige Wechsel und berufliche Unsicherheit geprägt ist. Dennoch müssen Unternehmen, die profitabel sein und bleiben wollen, in Personalinstrumente (Talent Management), gut ausgebildete Führungskräfte (Sinn der Aufgabe, Interesse, häufige Interaktionen), Teams (Lernen, soziale Interaktion) und in die Kultur bzw. Arbeitsbedingungen investieren. Personalverantwortliche zeigen, geschuldet der defensiven Argumentation, den Zusammenhang zum Profit des Unternehmens nicht klar auf, obwohl es für die Zukunftsfähigkeit, besonders im Dienstleistungsbereich, wesentlich ist, dass Unternehmen diese Zusammenhänge kennen und steuern. Eine gute Personalstrategie ist somit mindestens genauso wichtig wie eine gute Marketingstrategie und wird zukünftig immer mehr an Bedeutung gewinnen.[187] Dennoch wird angemerkt, dass besonders kleine Unternehmen mit geringen finanziellen Mitteln nicht in der Lage sind, alle Empfehlungen in die Tat umzusetzen. Ihnen soll diese Arbeit als Einblick dienen, in welche Richtungen die Personalarbeit gehen kann und welche Möglichkeiten sich ergeben.

Die Generation Y wird das Bild in den Unternehmen immer stärker prägen: der Arbeitgeber muss sich immer stärker an die individuellen Bedürfnisse jedes einzelnen Mitarbeiters, unabhängig davon, zu welcher Generation er gehört, anpassen. Wer aber die Bedürfnisse und Erwartungen richtig einschätzt und moderne

---

[185] Vgl. Goebel, W., 2011, S. 129

[186] Vgl. Bernauer, D. et al., 2011, S. 166 f.

[187] Vgl. Thoma, C., 2011, S. 178

Kommunikationswege einsetzt, der wird besonders die junge Generation überzeugen. Dennoch sei gewarnt, dass eine ausschließlich auf elektronischen Medien basierte Kommunikation keineswegs zur engeren Unternehmensbindung führt, sondern bei den älteren Kollegen Unwohlsein hervorruft und damit die Gefahr besteht, dass Lücken im Verständnis und in der Qualität der Zusammenarbeit zwischen den Generationen entstehen.[188] Erforderliche Veränderungen – insbesondere hinsichtlich Methoden der Personalentwicklung –, die stärker auf das Individuum ausgerichtet sind, können für alle Generationen einen Mehrwert bieten.[189]

Zusammenfassend ist festzuhalten, dass es zukünftig eine wichtige Aufgabe sein wird, durch Attraktivität ein echter Talentmagnet zu werden. Aspekte wie eine stärker individualisierte Gestaltung der Führungsarbeit oder das Überlassen von mehr Spielraum für eigenverantwortliches Handeln gewinnen an Bedeutung.[190] Das Unternehmen muss eine Umgebung schaffen, in dem sich die Talente wohl fühlen und so auch andere Bewerber anziehen. „Gerade in Bezug auf die Generation Y gilt es, hierbei eine offene, vertrauensvolle, kreative aber dennoch fordernde Unternehmenskultur zu schaffen"[191]. Dennoch gilt es den Spagat zwischen den Anforderungen aller Mitarbeitergenerationen zu schaffen, um Potenzialträger der Baby Boomer nicht vor den Kopf zu stoßen und auch sie langfristig halten zu können.[192]

Wenn man die Wünsche und Erwartungen, die die Generation Y an ihren Arbeitgeber stellt, knapp zusammenfasst, dann ergibt sich folgender Wunschzettel:

---

[188] Vgl. Dahrendorf, S., 2011, S. 162

[189] Vgl. Kleiminger, H., 2011, S. 145

[190] Vgl. Klaffke, M.; Parment, A., 2011, S. 19

[191] Ahlers, P.; Laick, S., 2011, S. 114

[192] Vgl. Klaffke, M.; Parment, A., 2011, S. 19

Wunschzettel

- Struktur und Führung
- Aufmerksamkeit und Feedback
- Herausforderung und Verantwortung
- Anerkennung der Leistung
- Information und Kommunikation
- Fairness und Vertrauen
- Kontrolle und Flexibilität
- Wahlmöglichkeiten
- Team und Netzwerke aus netten Kollegen
- Technologie und moderne Arbeitsmittel
- Ausgleich zwischen Arbeit und Freizeit
- Spaß an und Sinn in der Arbeit
- Sicherheit und Stabilität

Abbildung 9: Wunschzettel der Generation Y (Quelle: in Anlehnung an DGFP e. V., 2011, S. 42)

Da es den Rahmen dieser Arbeit sprengen würde, aber dennoch wichtige Aspekte zur Steigerung der Arbeitgeberattraktivität sind, werden abschließend weitere Themen und Handlungsfelder genannt, jedoch nicht näher erläutert:[193]

- Wissensmanagement: Verbesserung der Zusammenarbeit und des Lernens voneinander im Rahmen des Demographie-Managements
- Personalplanung unter dem Vorzeichen der Flexibilisierung (z. B. Weiterentwicklung „atypischer" Beschäftigungsverhältnisse)
- Human Resources Informations-Systeme: Kompetenz-Inventuren und Mitarbeiter-Plattformen mit selbst gepflegten Profilen
- Personalvergütung: Angebot individueller und kurzfristiger Anreize im Rahmen flexibler Cafeteria-Systeme (versus Long-term Incentives)
- Arbeitsrecht und Richtlinien: Umgang mit Social Media, Datenschutz, Gleichbehandlung, Flexibilisierung von Arbeitsort und –zeit

---

[193] DGFP e.V., 2011, S. 43

Literaturverzeichnis

Accenture, 2008, Die Net Generation verstehen, Hrsg.: Accenture GmbH, https://www.accenture.com/us-en/LoginPage?ru=%2fus-en%2fSecure%2fclient-index.aspx, 20.11.2015

Ahlers, P.; Laick, S., 2011, Identifikation und Evaluation von Talenten der Generation Y, in: Klaffke, M. (Hrsg.): Personalmanagement von Millennials. Konzepte, Instrumente und Best-Practice-Ansätze, Gabler Verlag, Wiesbaden, S. 95

Becker, M., 2013, Personalentwicklung. Bildung, Förderung und Organisationsentwicklung in Theorie und Praxis, 6. Auflage, Schäffer- Poeschel Verlag, Stuttgart

Bernauer, D. et al., 2011, Bernauer, D.; Hesse, G.; Laick, S.; Schmitz, B., Social Media im Personalmarketing. Erfolgreich in Netzwerken kommunizieren, Luchterhand, Köln

Buchhorn, E.; Werle, K., 2011, Die Gewinner des Arbeitsmarktes, http://www.spiegel.de/karriere/berufsstart/generation-y-die-gewinner-des-arbeitsmarkts-a-766883.html, 12.11.2015

Bundeszentrale für politische Bildung (bpb), o. J., Globalisierung, http://www.bpb.de/nachschlagen/lexika/lexikon-der-wirtschaft/19533/globalisierung, 12.11.2015

Burkhart, S., 2014, Lässt sich die GenY überhaupt noch ans Unternehmen binden?, http://steffiburkhart.de/lasst-sich-die-geny-uberhaupt-noch-ans-unternehmen- binden/, 12.11.2015

Christ, S., 2014, Generation Y: Warum das Sicherheitsbestreben vieler junger Menschen den Wohlstand in Deutschland gefährdet, http://www.huffingtonpost.de/2014/08/12/generation-y-sicherheit_n_5671259.html, 12.11.2015

Comelli, G.; Rosenstiel, L. von, 2011, Führung durch Motivation. Mitarbeiter für Unternehmensziele gewinnen, 4. Auflage, Verlag Vahlen, München

Dahlmanns, A., 2014, Generation Y und Personalmanagement, in: Bröckermann, R. (Hrsg.): Praxisorientierte Personal- und Organisationsforschung, Band 18, Rainer Hampp Verlag, München und Mering

Dahrendorf, S., 2011, Führung durch Kommunikation: Interaktionsprozesse für Millennials gestalten, in: Klaffke, M. (Hrsg.): Personalmanagement von

Millennials. Konzepte, Instrumente und Best-Practice-Ansätze, Gabler Verlag, Wiesbaden, S. 147

Deutsche Gesellschaft für Personalführung e. V. (DGFP) (Hrsg.), 2011, Zwischen Anspruch und Wirklichkeit: Generation Y finden, fördern und binden, o. V., Düsseldorf

Enaux, C.; Henrich, F., 2011, Meifert, M. T. (Hrsg.), Strategisches Talent-Management. Talente systematisch finden, entwickeln und binden, Haufe Mediengruppe, Freiburg

Ernst & Young, 2014, EY Studentenstudie 2014. Deutsche Studenten: Werte, Ziele, Perspektiven, Hrsg: Ernst & Young GmbH, http://www.ey.com/Publication/vwLUAssets/EY_-_Acht_von_zehn_Studenten_sind_zufrieden/ $FILE/EY-studentenstudie-2014-werte-ziele-perspektiven-pr%C3% A4sentation.pdf, 12.11.2015

Goebel, W., 2011, Erfolgreiche Rekrutierung von Millennials durch Perspektiven für Talente, in: Klaffke, M. (Hrsg.): Personalmanagement von Millennials. Konzepte, Instrumente und Best-Practice-Ansätze, Gabler Verlag, Wiesbaden, S. 115

Haar, M. ter; Meywirth, O., o. J., Warum Traineeprogramme für das Recruiting unerlässlich sind, http://capitalheads.de/traineeprogramme-warum/, 12.01.2016

Hauke Holste, J., 2012, Zeranski, S.; Reuse, S. (Hrsg.), Arbeitgeberattraktivität im demographischen Wandel, Springer Gabler, Wiesbaden

Heimann, K., 2013, Die superflexible junge Generation ist ein Mythos, http://www.zeit.de/karriere/beruf/2013-09/mythos-generation-y, 12.11.2015

Jost, C., o. J., 10 Regeln fürs Onboarding, https://www.absolventa.de/karriereguide/tipps/onboarding, 17.01.2016

Kienbaum, 2010, Was motiviert die Generation Y im Arbeitsleben? Studie der Motivationsfaktoren der jungen Arbeitnehmergeneration im Vergleich zur Wahrnehmung dieser Generation durch ihre Manager, http://www.kienbaum.de/Portaldata/1/Resources/downloads/servicespalte/Kienbaum_Studie_Generation_Y_2009_2010.pdf, 12.11.2015

Kienbaum, 2015, Absolventenstudie 2014/2015, http://www.kienbaum.de/Portaldata/1/Resources/downloads/brochures/

Kienbaum_Absolventenstudie_2014_2015_Ergebnisbericht.pdf, 12.11.2015

Klaffke, M.; Parment, A., 2011, Herausforderungen und Handlungsansätze für das Personalmanagement von Millennials, in: Klaffke, M. (Hrsg.): Personalmanagement von Millennials. Konzepte, Instrumente und Best-Practice-Ansätze, Gabler Verlag, Wiesbaden, S. 3

Kleiminger, H., 2011, Gen Y: Implikationen für die Personalentwicklung, in: Klaffke, M. (Hrsg.): Personalmanagement von Millennials. Konzepte, Instrumente und Best-Practice-Ansätze, Gabler Verlag, Wiesbaden, S. 133

Löhr, J., 2013, Generation Y. Freizeit als Statussymbol, http://www.faz.net/aktuell/beruf-chance/arbeitswelt/generation-y/generationy- freizeit-als-statussymbol-12212620.html, 12.11.2015

Lukasczyk, A.; Wickel-Kirsch, S., 2013, Personalgewinnung, in: DGFP e. V. (Hrsg.): Personalcontrolling für die Praxis: Konzept – Kennzahlen – Unternehmensbeispiele, 2. Auflage, W. Bertelsmann Verlag, Bielefeld

Mair, S., 2015, Zukunft der Arbeitswelt: So tickt die Generation Y, http://www.handelszeitung.ch/management/zukunft-der-arbeitswelt-so-tickt- die-generation-y-752548, 12.11.2015

Mangelsdorf, M., 2014, 30 Minuten Generation Y, Gabal Verlag GmbH, Offenbach

Menke, B., 2010, Bewerberfang im Internet: Die besten Karriereseiten deutscher Unternehmen, http://www.spiegel.de/unispiegel/jobundberuf/bewerberfang-im-internet-die-besten-karriereseiten-deutscher-unternehmen-a-678534.html, 13.12.2015

Niesenhaus, J., 2013, Spielend arbeiten, http://www.sps-magazin.de/?inc=artikel/article_show&nr=78091, 20.01.2016

Parment, A., 2009, Die Generation Y – Mitarbeiter der Zukunft. Herausforderungen und Erfolgsfaktor für das Personalmanagement, Gabler, Wiesbaden

Parment, A., 2013, Die Generation Y. Mitarbeiter der Zukunft motivieren, integrieren, führen, 2. Auflage, Springer Gabler, Wiesbaden

PricewaterhouseCoopers (PwC), 2011, Millennials at work. Reshaping the workplace, https://www.pwc.com/gx/en/managing-tomorrows-people/future-of-work/assets/reshaping-the-workplace.pdf, 12.11.2015

PricewaterhouseCoopers (PwC), 2015, Millennials Survey. Millennials at work: Reshaping the workplace, http://www.pwc.com/gx/en/issues/talent/future-of-work/millennials-survey.html, 12.11.2015

Reif, M. K., 2015, Alles ändert sich: die Generationen X, Y und Z – Wandel bei Human Resources, http://www.reif.org/blog/alles-aendert-sich-die-generationen-x-y-und-z-wandel-bei-human-resources/, 13.10.2015

Rohr, R.; Boschert, S., o. J., Einführung in RSS, http://www.was-ist-rss.de/, 12.01.2016

Ruthus, J., 2014, Arbeitgeberattraktivität aus Sicht der Generation Y. Handlungsempfehlungen für das Human Resources Management, essentials, Springer Gabler, Wiesbaden

Schlichte, M. et al., 2015, Schlichte, M.; Bendien, P.; Wisbauer, S., So wird Ihre Karriereseite ein Magnet für Bewerber, https://www.lecturio.de/magazin/ karriereseite/, 11.01.2016

Scholz, S.; Scholz, C., 2001, Bewerber gesucht, in: Personalwirtschaft, 03/2001, S. 14-18

Scholz, C., 2014, Grundzüge des Personalmanagements, 2. Auflage, Vahlen Verlag, München

Signium International, 2013, Generation Y. Das Selbstverständnis der Manager von morgen, https://www.zukunftsinstitut.de/fileadmin/user_upload/Publikationen/Auftragsstudien/studie_generation_y_signium.pdf, 15.11.2015

Sternitzke, A., 2015, Buttons und Logos von Sozialen Netzwerken verwenden – aber richtig!, http://www.ynovation.de/buttons-und-logos-von-sozialen-netzwerken-verwenden-aber-richtig/, 29.01.2016

Stotz, W.; Wedel-Klein, A., 2013, Employer Branding – mit Strategie zum bevorzugten Arbeitgeber, 2. Auflage, Oldenbourg Verlag, München

Technische Universität Berlin, o. J., RSS Icon, https://www.verbrauchersicher- online.de/bild/rss-icon-100px, 29.01.2016

Thoma, C., 2011, Erfolgreiches Retention Management von Millennials, in: Klaffke, M. (Hrsg.): Personalmanagement von Millennials. Konzepte, Instrumente und Best-Practice-Ansätze, Gabler Verlag, Wiesbaden, S. 163

Trost, A., 2011, Personalentwicklung 2.0, in: Trost, A.; Jenewein, T. (Hrsg.): Personalentwicklung 2.0. Lernen, Wissensaustausch und Talentförderung der nächsten Generation, Luchterhand, Köln

Trost, A., 2012, Talent Relationship Management. Personalgewinnung in Zeiten des Fachkräftemangels, Springer-Verlag, Berlin / Heidelberg